KB191193

생성형 AI가 바꾸는 메타버스의 미래

'굿모닝 굿나잇'은 21세기 지식의 새로운 표준을 제시합니다.
이 시리즈는 (재)3·1문화재단과 김영사가 함께 발간합니다.

생성형 AI가 바꾸는 메타버스의 미래

1판 1쇄 인쇄 2023. 11. 30.
1판 1쇄 발행 2023. 12. 7.

지은이 정지훈

발행인 고세규
편집 임여진 | 디자인 정윤수 | 마케팅 백선미 | 홍보 이한솔·강원모
본문 일러스트 최혜진
발행처 김영사
등록 1979년 5월 17일(제406-2003-036호)
주소 경기도 파주시 문발로 197(문발동) 우편번호 10881
전화 마케팅부 031)955-3100, 편집부 031)955-3200 | 팩스 031)955-3111

ISBN 978-89-349-6511-4 04300
      978-89-349-8910-3 (세트)

홈페이지 www.gimmyoung.com   블로그 blog.naver.com/gybook
인스타그램 instagram.com/gimmyoung   이메일 bestbook@gimmyoung.com

좋은 독자가 좋은 책을 만듭니다.
김영사는 독자 여러분의 의견에 항상 귀 기울이고 있습니다.

이 책의 본문은 환경부 인증을 받은 재생지 그린LIGHT에 콩기름 잉크를 사용하여 제작되었습니다.

생성형 AI가 바꾸는 메타버스의 미래

정지훈 지음

GENERATIVE AI & METAVERSE

정지훈 교수의 메타 사피엔스 안내서

김영사

4장 생성형 AI와 메타버스의 미래

메타버스, 생성형 인공지능AI, 웹3 Web 3.0 등 새로운 기술 용어가 끊임없이 나오고 있습니다. 특히 메타버스의 경우에는 개인적으로 수없이 많이 받는 질문이 바로 "메타버스가 도대체 무엇인가요?"와 같은, 개념을 묻는 질문입니다.

왜 그럴까요? 사실 메타버스가 각광받은 것은 코로나19와 함께 거의 모든 것이 온라인으로 전환되면서, 온라인이 우리 삶에 도움을 주는 정도를 넘어 가장 중요한 터전이자 활동의 무대가 되어버렸기 때문입니다. 가상공간과 캐릭터 등의 활용도가 높아진 것이지요. 다만 코로나19가 진정되고 일상이 정상화되면서 다시금 온라인이 아닌 오프라인에서의 삶이 중요해졌습니다. 그에 따라 온라인 공간이나 캐릭터, 게임 등으로 표현되던 메타버스의 미래에 대한 의문점이 많아졌기 때문에 더욱 그런 질문을 많이 한다고 생각합니다.

그렇지만 기술의 변화를 이렇게 단기적인 시각으로 유행에 따라 바라보는 것은 바람직하지 않습니다. 기술은 개발과 발전, 초기 상용화 단계를 거쳐 누구나 쓰게 되면서 삶 전체를 바꾸기까지 짧게는 10년, 길게는 수십 년의 시간을 필요로 합니다. 그렇기에 장기적인 시각으로 하나의 기술 용어가 아니라 여러 기술이 동시에 시너지를 일으키면서 변화와 발전을 만들어가는 전반적인 그림을 볼 줄 아는 것이 무엇보다 중요합니다.

《생성형 AI가 바꾸는 메타버스의 미래》에서는 단순히 메타버스에 대해 설명하는 것이 아니라, 이와 같은 거대한 기술 발전의 역사 차원에서 생성형 인공지능, 웹3, VR/AR(가상현실/증강현실) 등의 기술을 포괄적으로 다룹니다. 온라인과 오프라인 세계가 과거 어느 때보다 서로 밀착하여 영향을 주고받는 세계를 메타버스로 보고 있습니다. 세계적인 미디어 〈포브스〉에서는 2023년 5대 기술 트렌드 키워드 중 하나로 메타버스를 꼽았습니다. 그러면서 메타버스를 '미래의 인터넷the future internet'이라고 표현했지요. 저는 이 표현이 가장 좋다고 생각합니다. 과거의 인터넷은 텍스트를 기반으로 느린 인터넷 환경에서도 가능하도록 발전하다가, 스마트폰이 보급되고 무선 인터넷 환경이 개선되자 카메라와 영상을 중심으로 하는 환경으로 넘어갔습니다. 그리고 3D 콘텐츠와 공간, 우리의 일상이 언제나 온라인으로 연결되는 차세대 인터넷이 바로 메타버스인 것이지요.

이 책의 원제는 '생성형 AI는 메타버스의 꿈을 꾸는가?' 였습니다. 필립 K. 딕Philip K. Dick의 유명한 SF 소설이자 세계적인 히트 영화 〈블레이드 러너〉의 원작인 《안드로이드는 전기양의 꿈을 꾸는가?》에서 차용했지요. 필립 K. 딕의 소설이 로봇과 미래 도시를 기반으로 한 약간은 암울한 미래를 그렸다면, 이 책에서는 생성형 인공지능 등의 요소 기술이 새롭게 탄생시킬 메타버스의 과거, 현재, 그리고 미래에 대한 이야기를 전달하고자 합니다.

Good
morning
Good
night

메타버스란
무엇인가

1
30년 전
SF 소설가가 본 미래

'메타버스'라는 용어는 '초월' 또는 '다음'을 의미하는 '메타meta'와 '세계'를 의미하는 '버스verse'의 합성어입니다. 간혹 메타버스의 버스를 세계를 의미하는 버스가 아니라 대중교통으로 이용할 수 있는 버스bus로 생각해서 메타'뻐스'로 발음하는 경우가 있는데, 그러면 완전히 잘못된 의미가 되기 때문에 발음에 유의해야 합니다.

메타버스는 일반적으로 물리적 현실과 가상현실을 융합해 만든 가상의 집단적 공유 공간을 의미합니다. 가상현실과 유사하게 완전히 몰입해 상호작용하는 가상의 미래 인터넷을 설명할 때 메타버스를 많이 언급합니다. 메타버스에서 일반적으로 사용자는 자신을 디지털로 표현한 '아바타avatar'를 통해 가상 환경과 실시간으로 상호작용할 수 있습니다.

메타버스라는 개념은 SF 소설과 비디오게임에서 가장 먼저 알려졌고 특히 영화 〈매트릭스〉나 〈레디 플레이어 원〉 등을 통해 대중화됐지만, 현실 세계에서도 메타버스 구축에 대한 관심과 투자가 증가하고 있습니다. 회사 이름을 '메타'로 바꾸기까지 한 페이스북부터 마이크로소프트, 엔비디아 등 최고의 기업들이 미래 세계를 이야기할 때 메타버스를 빼놓지 않고 언급하고 있습니다.

가상 및 증강현실 기술의 발전으로 영화 속 이야기로만 생각됐던 메타버스 아이디어가 실제로 많이 구현되고 있습니다. 특히나 코로나19가 확산되어 온라인 세계에서의 경험으로 현실 세계의 경험을 대체해야만 하는 상황이 지속되면서, 온라인의 자신과 가상공간, 그리고 온라인 사회를 통한 상호작용과 경험에 대해 가지고 있던 막연한 두려움이 상당 부분 사라진 점도 메타버스에 대한 관심이 커지는 계기가 됐습니다.

이렇게 미래의 인터넷, 그리고 가상과 현실이 결합된 세계를 의미하는 메타버스 세상에 대해 공부하면서, 여러분이 만나게 될 미래를 같이 한번 그려봅시다.

메타버스라는 용어는 1992년에 출간된 닐 스티븐슨Neal Stephenson의 SF 소설 《스노 크래시》에서 처음 사용됐습니다. 《스노 크래시》는 기업이 운영하는 부유한 구역과 빈곤한 교외 지역으로 나뉜 디스토피아적 미래의 미국을 배경으로 합니다. 주인공 히로는 젊은 해커이자 피자 배달원으로, '스노 크래시'라는 약물과 관련된 복잡하고 위험한 음모에 휘말립니다. 스노 크래시는 현실 세계와 디지털 세계 모두에서 사용자를 중독시켜 몸과 마음을 스스로 통제할 수 없게 만듭니다. 히로는 그 기원과 영향을 조사하면서 프리랜스 정보 수집가인 Y.T.와 팀을 이루어 강력한 기업, 종교적 숭배, 고대 수메르 신화와 관련된 음모를 발견합니다.

이 소설은 사이버펑크 장르의 대표작 중 하나로, 디스토피아적인 미래, 풍자의 요소를 결합해 현실 세계의 본질, 언어와 기술, 사회관계 같은 주제를 깊이 탐구한 것으로 잘 알려져 있습니다. 하지만 그보다 가상현실과 인터넷, 그리고 이후 보편화된 기타 디지털 기술에 대한 선견지명 있는 묘사로 더욱 유명합니다. 메타버스와 함께 '아바타'라는 용어가 현대에서 활용되는 의미로 처음 쓰인 책입니다.

닐 스티븐슨은 메타버스를 글로벌 컴퓨터 네트워크를 통해 접근하는 디지털 세계로 묘사합니다. 이 세계에서 사용자는 자신의 정체성이나 외모를 표현하도록 설정한 디지털 아바타를 통해 다른 사용자 및 물체와 상호작용합니다. 메타버스는 광활하고 거대한 가상의 풍경으로 등장하며, 각기 고유한 특성과 규칙이 있는 여러 지역과 구역으로 나뉘어 있습니다. 사용자는 도시, 공원, 가상 건물 등을 이동하며 메타버스를 탐색할 수 있습니다. 또 메타버스 내에서 사교 활동을 즐기고 게임, 쇼핑, 비즈니스 등 다양한 활동에 참여할 수도 있습니다. 이에 더해 메타버스 경제에 대해서도 설명하고 있는데, 상품과 서비스를 구매하는 데 사용하는 '엔'이라는 가상화폐가 존재합니다. 소설에서 메타버스가 처음으로 등장하는 부분을 살펴보겠습니다.

양쪽 눈에 보이는 모습에 약간의 차이를 두면 그림은 입체적으로 보인다. 1초에 그림을 72번씩 바꿔주면 그림은 실제로 움직이는 효과를 낸다. 움직이는 입체 그림을 가로 2,000픽셀 크기로 보여주면 사람의 눈이 인식할 수 있는 최대치에 도달한다. 그리고 작은 이어폰을 통해 스테레오 디지털 사운드를 들려주면 움직이는 입체 화면은 완벽히 실제와 같은 배경음을 갖게 된다.

그러니까 히로는 전혀 다른 곳에 존재하는 셈이다. 그는 고글과 이어폰을 통해 컴퓨터가 만들어낸 전혀 다른 세계에 있다. 이런 가상의 장소를 전문 용어로 '메타버스'라 부른다.[1]

무려 30년도 전에 발표된 소설이지만, 간단하게만 살펴봐도 이 책에서 기술한 메타버스에 대한 설명은 최근 다양한 형태로 설명하고 있는 메타버스와 크게 다르지 않습니다. 이보다 더욱 체계적으로 메타버스를 설명하는 학술적인 접근도 있기는 하지만, 일반인이 이해하기에는《스노 크래시》의 메타버스가 가장 직관적이지 않을까 합니다.

2
디지털과 아날로그,
두 세계의 이해

메타버스를 이해하는 데 가장 중요한 것은 디지털 세계와 아날로그analog 세계의 차이를 아는 것입니다. 결국 메타버스는 아날로그로 이루어진 현실 세계를 다양한 방식으로 디지털 세계와 연결하고자 탄생했기 때문입니다. 문제는 디지털 세계와 아날로그 세계의 차이가 너무나 크다는 것입니다. 이를 제대로 이해하지 못하면 엄청난 혼란에 빠질 수밖에 없습니다.

우리가 살아가는 현실 세계를 구성하는 가장 기본적인 단위는 원자atom지만, 디지털 세계는 비트bit라는 단위로 구성됩니다. 비트는 모든 것을 빛이나 전기 등을 활용한 온/오프on/off, 2가지 선택으로 나눌 수 있게 만든 것입니다. 그렇기 때문에 비트를 표현할 때에는 0과 1이라는 2개의 수만 사용하며, 이진법으로 표현할 수 있습니다.

비트가 중요한 이유는 오늘날의 기계, 전기, 전자 기기를 가장 잘 표현할 수 있는 방식이기 때문입니다. 전기가 통하는지 여부를 결정하는 스위치, 빛의 온/오프, 전압의 고저 등을 0과 1로 간단히 정의할 수 있습니다. 다양한 기기가 비트를 활용해 우리 세상을 표현할 수 있으며, 이를 통해 빛의 속도로 움직이면서도 무게도 전혀 나가지 않고, 변화도 일어나지 않는 완전히 새로운 형태의 '디지털 원자'를 얻게 됐습니다.

아날로그는 디지털의 상대적 개념으로 현실 세계의 물체나 물리적인 실체를 말합니다. 우리가 일상적으로 경험하는 물리적인 세계가 아날로그의 세계라고 할 수 있습니다.

디지털과 아날로그 세계의 차이에 대해 가장 정교하면서도 많은 인사이트를 주는 책으로는 MIT 미디어랩의 수장으로 오랫동안 일해온 니콜라스 네그로폰테Nicholas Negroponte 교수의 《디지털이다》를 빼놓을 수 없을 듯합니다. 그는 이 책에서 첨단 디지털을 논의하는 자리에 등장한 에비앙 생수에 대한 이야기를 꺼낸 바 있습니다. 유럽의 3분의 1을 돌아 대서양을 건넌 후 캘리포니아까지 긴 여행을 한 이 생수는 국제무역이라는 전통적 원자의 교환 과정을 거쳐 그의 손에 들어간 것입니다. 무게도 상당한 이 생수는 많은 비용을 들여 선적된 뒤 여러 날 동안 배를 통해 수천 마일의 대서양을 건너 세관을 통과하고 각종 유통 채널을 통해 전달됐을 것입니다.

이와 같이 원자가 지배하는 일상적 세계는 실제로 만질 수 있고, 무게가 있으며, 이동할 때는 다양한 감시를 받고 규제할 수 있는 대상으로 가득합니다. 우리는 직접 물건이나 제품을 생산하지 않는 한 이런 원자의 끊임없는 교환과 소비를 통해 세상을 살아가며, 이런 방식이 아날로그 세계를 지배합니다.

그에 비해 디지털은 일단 통신 수단이 연결된 이후에는 무게도 없고, 전송에 시간이 걸리지 않는 비트를 통해 모든 가치 교환 및 진화와 발전이 이루어집니다. 물리적 제약이 없고, 시간적으로도 자유롭기 때문에 원자가 지배하던 아날로그 세계의 규칙과는 모든 것이 달라질 수밖에 없습니다. 네그로폰테 교수의 책에서 인상적인 구문을 하나 소개합니다.

보스턴의 거실에 앉아 전자 창문을 통해 스위스의 알프스를 바라보며, 젖소의 목에서 울리는 방울 소리를 듣고, 여름날의 (디지털) 건초 내음을 맡을 수 있다고 상상해보라. 아톰(자동차)을 몰아 시내의 일터로 가는 대신 사무실에 접속해 전자적으로 업무를 수행할 경우 나의 작업장은 과연 어디인가?[2]

이처럼 디지털 세계와 아날로그 세계의 장소와 주소는 매우 다릅니다. 한자로 '주소'를 해석하면 '사는住 곳所'입니다. 과거에는 물리적으로 거주하는 곳을 의미하는 단어였지만, 이제는 다양한 주소가 존재합니다. 물리적 장소에서 존재하는 것 이상으로 비트로 이루어진 가상의 장소에서 존재하는 시간의 비중이 커져가고 있으며, 비트의 공간에서 사람들의 거소居所를 나타내는 소위 '공간이 없는 장소'가 너무나 자연스러워진 시대입니다.

인터넷 초창기에는 이메일이 보급되면서 이메일 주소가 자연스럽게 비트 공간에서의 주소 역할을 해왔습니다. 물론 현재에도 이메일 주소를 많이 활용하지만, 최근에는 개인의 가상공간에서의 존재감을 나타내는 장소가 더욱 많아지고 있습니다. 블로그나 홈페이지를 운영하는 사람은 가상공간을 마음껏 치장해서 남들에게 보란 듯이 주소를 공개하며, 엑스X(전 트위터)나 페이스북이 대표하는 소셜 미디어 서비스 계정도 인터넷에서의 개인을 나타내는 주소라고 할 수 있습니다. 최근에는 인스타그램이나 카카오 아이디, 제페토나 틱톡 아이디 등 자신의 존재와 자신이 주로 활동하는 가상공간의 주소를 사람들과의 연결을 위해 알려줍니다.

이런 가상공간을 메타버스라고 생각한다면, 이미 오래 전부터 우리는 메타버스에서 여러 개의 주소를 가지고 있었다고 할 수 있습니다. 우리가 어디에 있든 이 새로운, 공간이 없는 나만의 장소는 모든 사람을 간단히 연결하는 거대한 가상의 공간 체계를 새롭게 만들어낸 것입니다.

이렇게 디지털 기술·세계가 현실 세계와 어떻게 다른지 본질적 차이를 생각한다면, 메타버스에 대한 보다 근본적인 성찰이 가능합니다.

3
메타버스를 보는
여러 관점

소설이나 영화에서 더욱 유명해진 메타버스이지만, '세컨드 라이프Second Life'라는 가상현실 세계가 인기를 끌면서 실제로 메타버스에 대한 경험이 어느 정도 가능해지자 사람들은 학술적으로도 관심을 가지고 메타버스를 특성에 따라 분류하기 시작했습니다. 그중에서도 가장 유명한 것이 비영리 기술 연구 단체인 ASF Acceleration Studies Foundation가 2007년에 분류해서 발표한 것입니다. 이들은 메타버스를 '증강/시뮬레이션', '내적인 것/외적인 것'이라는 두 축을 가지고 4가지 범주로 분류했습니다.

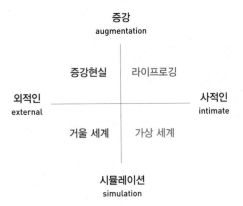

증강현실

증강현실augmented reality은 현실 공간에 2D 또는 3D로 표현된 가상의 물체를 겹쳐 보이게 해서 상호작용하는 환경을 의미합니다. 가상 세계에 대한 거부감을 줄이고 몰입감을 높이는 것이 특징입니다.

일상 기록

일상 기록 또는 라이프로깅lifelogging은 사물과 사람에 대한 일상적 경험과 정보를 캡처·저장·묘사하는 기술을 의미합니다. 사용자가 일상생활에서 일어나는 모든 순간을 텍스트, 영상, 사운드 등으로 캡처하고 그 내용을 서버에 저장해 정리하며 다른 사용자들과 공유할 수 있는 것인데, 최근 많은 사람들이 사용하는 틱톡, 인스타그램 등 각종 소셜 미디어 서비스가 여기에 해당합니다.

거울 세계

거울 세계mirror worlds는 실제 세계를 가능한 한 사실적으로, 있는 그대로 반영하되 '정보적으로 확장된' 가상 세계를 말합니다. 대표적인 예로 구글 어스Google Earth를 들 수 있습니다. 구글 어스는 세계 전역의 위성사진을 모조리 수집해 일정 주기로 사진을 업데이트하면서 시시각각 변화하는 현실 세계의 모습을 그대로 반영하고 있습니다. 최근에는 디지털 트윈digital twin이라는 용어가 이 개념을 대신하고 있습니다.

가상 세계

가상 세계virtual world는 현실과 유사하거나 완전히 다른 대안적 세계를 디지털 데이터로 구축한 것을 의미합니다. 가상 세계에서 사용자는 아바타를 통해 현실 세계의 경제적, 사회적 활동과 유사한 활동을 합니다.

혼합현실 스펙트럼

이처럼 다양한 메타버스 분류가 있지만, 마이크로소프트에서 제시한 '혼합현실mixed reality 스펙트럼'[3]이라는 것이 메타버스를 가장 잘 설명한다고 생각합니다.

위 그림에서 보면 맨 왼쪽에 물리적인 아날로그 원자로 구성된 물리적 세계가 자리를 잡고 있고, 맨 오른쪽에 모든 것이 디지털 비트로 구성된 디지털 세계가 자리 잡고 있습니다. 완전한 디지털 세계라면 현실 세계와 닮지 않은 게임이나 디지털 콘텐츠 등이 여기에 해당한다고 이해하면 되겠습니다. 이 두 세계의 사이를 혼합현실이라고 표현하는데, 물리적 세계에 가까운 것부터 디지털 세계에 가까운 것까지 연속적으로 연결되어 있기 때문에 혼합현실 '스펙트럼'이라고 합니다.

여기서 물리적 세계에 디지털 기술을 접목해 물리적 세

계를 좀 더 살기 편하게 만들거나, 우리의 생활을 도와준다면 디지털 기술이 현실 세계를 증강하는 역할을 하게 되므로 이를 증강현실이라고 합니다. 조금 좁게 생각하면, 안경처럼 생긴 디지털 기기를 쓰거나, 휴대폰 카메라로 현실 세계를 비춰 볼 때 정보 등을 추가로 제공하거나, 현실 세계의 모습에 디지털 콘텐츠 혹은 물체가 덧씌워져 보여지는 상황을 생각하면 됩니다.

반대로 디지털 세계에 더 가까우면서, 디지털 기술을 활용해 현실 세계와 비슷하게 만들어서 마치 현실 세계처럼 느끼게 만든 것을 가상현실virtual reality이라고 부릅니다. 이 경우에는 현실 세계를 굳이 볼 필요가 없으므로, 앞이 막힌 디스플레이로 구성된 고글 형태의 디바이스를 쓰고 가상 세계로 뛰어들면 되겠지요? 이런 디바이스를 헤드 마운티드(두부 거치) 디스플레이Head Mounted Display·HMD라고 부릅니다.

그렇다면 메타버스는 뭘까요? 여기까지 읽은 분들이라면 이제는 감을 잡을 수 있을 것 같습니다. 바로 24페이지 그림에서 물리적 세계와 디지털 세계 사이에 있는 모든 스펙트럼에 해당하는 세계가 바로 메타버스입니다. 물리적 세계는 점점 디지털 세계와 가까워지고, 디지털 세계 역시 점점 물리적 세계와 가까워지면서 이들이 중첩되어 하나의 세계처럼 느껴지는 것을 의미합니다.

4
미래 인터넷으로서의
메타버스

지금까지 메타버스에 대해 소설과 영화, 학술적 분류, 그리고 마이크로소프트 같은 거대 기업에서 이야기하는 개념까지 여러 형태로 알아보았습니다. 그럼에도 이게 뭔지 딱 감이 잡히지 않는 분도 많지요? 짧고 간단하게 메타버스를 설명하는 것이 쉽지가 않아서, 농담으로 "그래서 메타버스가 뭔데?"라는 질문을 마지막에 하는 것이 유행할 정도였습니다.

그래서 마지막으로 "메타버스란 무엇인가?"에 대한 질문에 대해 가장 짧으면서도 임팩트 있는 답을 준 유명한 미디어의 정의를 소개하고자 합니다. 그 주인공은 세계적인 언론 중 하나인 〈포브스〉입니다. 〈포브스〉는 매년 연말이면 그다음 해에 가장 중요한 기술 트렌드를 뽑아서 발표하곤 합니다. 2023년 주목해야 할 기술 트렌드 목록은 다음과 같았습니다.[4]

1. 어디에서나 볼 수 있는 인공지능 AI everywhere

2. 미래의 인터넷, 메타버스 the future internet(Metaverse)

3. 디지털 편집이 가능한 세계 a digitally editable world

4. 블록체인으로 다시 구축하는 신뢰 re-architecting trust with blockchain

5. 초연결, 지능화된 세계 the hyper-connected, intelligent world

보너스 트렌드: 지속 가능한 기술 sustainable tech

5대 기술 트렌드, 그리고 보너스 트렌드로 지속 가능한 기술을 꼽았습니다. 이때 두 번째로 언급한 트렌드가 눈에 띕니다. '메타버스'라 쓰지 않고, 미래의 인터넷이라고 트렌드의 명칭을 쓴 뒤 괄호 안에 메타버스라고 부연 설명을 했습니다. 이는 간단히 말해 미래의 인터넷이 곧 메타버스라고 정의한 것입니다. 사실 세 번째로 언급한 디지털 편집이 가능한 세계, 네 번째인 블록체인으로 다시 구축하는 신뢰 등도 메타버스의 영역으로 설명할 수 있지만, 메타버스를 미래의 인터넷으로 간단하게 정의한 것은 매우 인상적입니다.

1990년대 말 월드와이드웹World Wide Web이 등장하기 전까지 인터넷은 초창기 국내 PC 통신 서비스로 유명한 하이텔같이 문자로 가득했습니다. 그러다가 월드와이드웹이 등장하면서 우리가 알고 있는, 그림과 하이퍼링크, 동영상 등 다양한 미디어를 표현할 수 있는 웹브라우저로 접속해 경험하는 형태로 진화했습니다. 또 스마트폰의 등장과 함께 다양한 기기와 디스플레이를 활용할 수 있게 됐고, 지금은 무수히 많은 앱을 인터넷에 접속해서 사용할 수 있습니다.

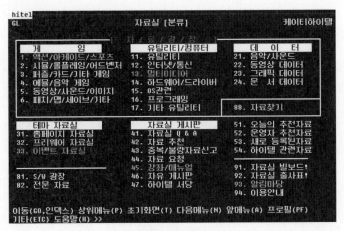

하이텔 자료실 화면.

그렇다면 그다음 인터넷은 어떤 모습일까요? 아마도 현실 세계와 동일한 경험을 전달할 수 있는 3D 공간과 물체가 등장하고, 개인도 아이디가 아닌 자신의 모습을 닮은 아바타로 접속하며, 더 나아가 인간이 느낄 수 있는 다양한 감각을 직접 체험할 수 있는 형태로 발전하지 않을까요? 그것이 바로 〈포브스〉에서 이야기하는 내용입니다.

이제는 여러분도 "그래서 메타버스가 도대체 뭡니까?"라는 질문에 간단히 답하실 수 있을 겁니다. '미래의 인터넷'이 바로 메타버스니까요.

메타버스 시대의
변화와 기회

1
메타버스 시대를 이해하는 3가지 키워드

"게임이 곧 메타버스다."

많은 게임사들이 메타버스의 시대가 왔다는 이야기가 나올 때마다 자신들은 오래전부터 현재 언급되는 메타버스와 같은 개념으로 세상을 디자인하고, 캐릭터와 시나리오, 세계관을 통해 이를 만들어왔다고 말합니다. 그리고 게임이 곧 메타버스라고 하면서 메타버스라는 용어에 다소 부정적으로 반응하는 경우도 많았습니다.

이들의 주장은 그리 틀린 것이 아닙니다. 1장에서도 언급했듯, 결국 메타버스는 현실 세계와 디지털 세계의 교차점에서 생겨나는 전반적인 세상을 말하는 것이고, 가장 완벽한 디지털 콘텐츠 중 하나라고 할 수 있는 게임이 점점 더

현실에 가까워지며 게임 세계에서 다양한 현실 세계의 경험을 할 수 있는 방향으로 확대될 때 우리는 결국 메타버스를 경험하게 될 테니까요. 그렇기 때문에 게임은 메타버스의 형태 중 하나로 볼 수 있습니다. 다르게 말하자면 게임은 메타버스의 대표적인 콘텐츠 중 하나이며, 메타버스에서는 게임을 포함해 다양한 콘텐츠를 제공합니다.

예를 들어 메타버스에서는 가상공간에서 다른 사람들과 함께 쇼핑을 하거나 공연을 관람하고 여행을 떠날 수 있는데, 이러한 콘텐츠를 게임에 접목할 경우 사용자와의 상호작용을 통해 다양한 경험을 제공할 수 있습니다. 혹자는 게임을 '디자인된 경험designed experience' 또는 '상호작용 가능한 콘텐츠interactive contents'라고 부르는데, 이런 맥락에서 보면 메타버스와 게임의 연결 고리는 매우 명확하다고 할 수 있겠지요.

또 메타버스라는 개념은 게임 세계를 확장하는 데도 큰 도움이 됩니다. 예를 들어 게임에서 사용되는 캐릭터나 아이템, 환경, 미션이나 퀘스트 등의 콘텐츠를 메타버스에서도 사용할 수 있고, 게임에서 얻은 보상이나 노력이 메타버스에 반영되게 할 수도 있을 것입니다. 반대로 메타버스에서 얻은 보상이나 아이템 등을 게임에서 사용하게 할 수도 있습니다. 최근에는 메타버스와 게임이 점점 융합하고 있으며, 게임과 메타버스가 서로 영향을 주고받는 관계 속에서 새로운 콘텐츠와 비즈니스 모델이 등장할 것으로 예상됩니다.

메타버스나 생성형 인공지능 기술이 중요하게 여겨지는 것은 기술 자체의 발전에 따른 자연스러운 이유 때문이기도 하겠지만, 시대적으로 그런 기술의 중요성이 부각되는 상황도 큰 역할을 하고 있습니다. 그렇다면 메타버스 시대를 이해하는 주요한 키워드에는 어떤 것들이 있을까요?

비대면의 일상화

메타버스에 대한 관심을 불러일으킨 단 하나의 사건을 이야기하라고 한다면 단연 2년 가까이 지속된 코로나19 팬데믹을 들 수 있습니다. 이 시기 거의 모든 대면 활동이 비대면으로 전환됐고, 전 세계적으로 비대면 생활이 일상이 됐습니다.

우리나라에서는 상대적으로 이런 위기를 겪은 시기가 짧

았고, 상황이 좋아졌다가 나빠지기를 반복했기 때문에 비대면과 대면을 오가면서 새로운 환경이 완전히 정착되지는 않았습니다. 하지만 온라인이나 비대면으로 교육 혹은 미팅, 행사 등을 하는 것에 대해 매우 부정적이거나 시도해볼 생각도 하지 못했던 곳도 비대면으로 모든 것을 진행하는 경험을 쌓으면서 비대면 서비스가 기본으로 정착하기 시작했습니다.

코로나19를 거의 극복했다고 생각되는 최근에도 과거와 같은 완전한 대면은 이루어지지 않고 있습니다. 대면으로 제공하는 동시에 비대면으로도 접근 가능하도록 해야 보다 많은 고객을 만날 수 있고, 시간과 장소에 구애받지 않기 때문입니다. 또 비대면으로 진행된 행사, 교육, 만남 등은 디지털로 저장하거나 향후 데이터를 활용한 AI 기술 등의 도움을 받아 더욱 가치 있는 형태로 재가공될 수 있기 때문에 대면과 비대면을 적절하게 섞어서 동시에 제공하는 하이브리드 형태가 일상화되고 있습니다.

상황이 이렇다 보니, 비대면 서비스에 유용한 아바타와 가상 인간 기술도 빠르게 발전하고 있습니다. 릴 미켈라Lil Miquela 같은 가상 인플루언서는 컴퓨터그래픽스로 만든 가상 인간으로, 소셜 미디어 계정을 통해 팬들과 소통하고 다양한 브랜드와 협업하고 있습니다. 국내에서도 다양한 인플루언서가 등장할 정도로 이제는 가상 인간 기술이 익숙해졌습니다. 또 생성형 인공지능 기술이 발전하면서 아바타의 얼굴이나 동작 등을 실시간으로 마스크처럼 입히거나 목소리를 변조하며 주변 배경까지 바꾸는 등의 기술도 매우 정교해졌습니다. 이런 기술이 비대면 서비스 플랫폼으로 가장 많이 쓰이는 줌Zoom이나 구글 미트Google Meet 등의 플랫폼에 추가되어 제공되면서, 일상에서 아바타나 가상 인간 기술을 활용할 수 있는 시대의 도래를 앞당겼습니다.

포트나이트에서 진행한 트래비스 스콧의 공연.

대규모 비대면 서비스 및 양방향 네트워킹을 가능하게 하는 기술도 날이 갈수록 발전하고 있습니다. 게임 플랫폼 포트나이트Fortnite에서 진행한 래퍼 트래비스 스콧Travis Scott의 메타버스 공연은 동시 접속자 수 1,230만 명, 총 2,770만 명에 이르는 플레이어가 관람한 것으로 집계됐습니다. 오프라인 콘서트장이 아무리 크더라도 10만 명 이상을 수용하기 어렵다는 점을 감안할 때, 비대면으로 진행할 경우 실시간 네트워크 기술을 통해 사실상 전 세계 인류가 하나가 되어 공연을 보거나 즐길 수 있다는 사실이 증명된 것이나 마찬가지라고 하겠습니다. 더 나아가 단순히 유튜브같이 일방적으로 보기만 하는 것이 아니라, 참여자가 게임 환경에서 상호작용을 할 수 있기 때문에 양방향으로 진행할 수 있다는 점이 메타버스의 가장 큰 장점입니다.

이런 성공이 기폭제가 되어 이후 유명 DJ 스티브 아오키와 딜런 프랜시스, 데드마우스 등도 포트나이트 라이브 공연을 열었고, BTS도 공연을 진행했습니다. 이를 위해서 포트나이트에서는 빅 스크린 원형극장이나 메인 스테이지 같은 공연 및 이벤트 공간뿐 아니라, 다양한 아이템을 판매하는 플라자, 보트 경주나 스카이다이빙 등을 즐길 수 있는 체험 공간 등을 제공해 더욱 풍부한 비대면 메타버스 플랫폼의 경험을 제공하고 있습니다.

또 다른 메타버스 게임 로블록스Roblox도 음악 공연 이벤트를 열면서 로블록스 플랫폼을 공연 플랫폼으로 활용하게 만들기 위한 노력을 하고 있습니다. 2020년 4월, 세계보건기구WHO를 지원하기 위한 대규모 온라인 콘서트인 '원 월드: 투게더 앳 홈One World: Together At Home'을 게임 내 가상 극장에서 스트리밍했는데, 이 콘서트는 미국의 유명 엔터테이너 지미 팰런, 지미 키멜, 스티븐 콜베어가 공동 주최하고 얼리샤 키스, 빌리 아일리시, 엘턴 존, 테일러 스위프트 등 수많은 아티스트 및 엔터테이너가 참여하는 거대한 행사로 눈길을 끌기도 했습니다.

이렇게 되면서 향후 비대면을 중심으로 활동하거나 일하는 디지털 노매드가 자리를 잡을 가능성이 높아졌고, 이런 디지털 노매드가 정착하기 좋은 해변가 도시가 인기를 끄는 현상도 나타났습니다. 한국에서는 서핑족이 좋아하는 양양 등이 일부 디지털 노매드의 선택을 받으면서, 짧은 방문뿐 아니라 한 달 이상 체류하는 여행지로 널리 알려지기도 했습니다.

가상 인플루언서를 꿈꾸는 사람 또는 작은 스튜디오 기업도 다수 등장했으며, 이들을 묶어서 일종의 미래 시대 연예 기획사 등을 만드는 시도도 이어지고 있습니다. 가까운 미래에는 메타버스에서 주로 활동하는 인플루언서와 팬들이 활동하기 좋은 차세대 소셜 미디어가 각광받을 가능성이 높습니다. VR/AR 기술을 활용해 보다 몰입하기 좋은 경험을 제공하는 곳도 있지만, 이미 수많은 스타와 팬덤을 보유했을 경우 이들을 엮을 수 있는 새로운 SNS를 제공하는 곳도 등장하고 있습니다. 대표적인 것이 BTS 소속사 하이브의 팬덤 플랫폼 위버스입니다. SM엔터테인먼트가 추진했던 '광야KWANGYA' 등 메타버스 브랜드는 초기 단계라 앞으로 많은 개선이 필요할 듯하지만, 일반적인 소셜 미디어를 능가할 가능성도 있다고 생각됩니다.

빅데이터와 클라우드

메타버스 시대를 이해하기 위해서는 코로나19나 비대면의 일상화 같은 시대적 요구와 관련한 요인도 알아야 하지만, 그에 못지않게 중요한 것이 메타버스를 가능하게 하는 기술적 토대입니다. 보통은 VR·AR·MR(혼합현실)·XR(확장현실)같이 '메타버스' 하면 바로 떠오르는 기술, 유니티나 언리얼 엔진같이 모든 것을 3D로 표현할 수 있게 도와주는 플랫폼 기술, 그리고 이 책의 주제이기도 한 생성형 인공지능 기술 등이 가장 먼저 떠오릅니다. 그런데 잘 드러나지 않아도, 발전하지 않았더라면 메타버스를 구현할 수 없었을 가장 중요한 기술 2가지가 있습니다. 바로 '빅데이터'와 '클라우드'입니다.

빅데이터란 전통적인 데이터 처리 소프트웨어가 다루기 힘든 매우 큰 규모의 데이터를 뜻하는 용어입니다. 이것이 일반용어로 사용된 것은 세계적인 컨설팅 기관인 가트너Gartner가 빅데이터를 '3V'라는 특징을 지닌 데이터로 정의하면서부터입니다. 3V란 다음을 의미합니다.

- volume(용량): 데이터 양이 엄청나게 큽니다. 테라바이트TB(1조 바이트)에서 페타바이트PB(1,000TB)는 물론 엑사바이트EB(1,000PB)에 이르기도 하며, 최근에는 제타바이트ZB(1,000EB)까지 언급합니다.
- velocity(속도): 데이터가 빠르게 생성되고 처리되어야 합니다. 예를 들어 소셜 미디어 게시물, 실시간 거래 정보, 센서에서 생성된 데이터 등은 즉각적인 분석이 필요합니다.

• variety(다양성): 다양한 형식의 데이터를 처리할 수 있어야 합니다. 정형화된 데이터베이스 데이터뿐 아니라 길이가 긴 비정형 텍스트, 비디오, 오디오 등 다양한 형태의 데이터를 처리할 수 있어야 합니다.

빅데이터는 초창기 인터넷에서는 그렇게 주목받지 못했습니다. 그러나 소셜 미디어 플랫폼이 활성화되고 스마트폰이 보급되면서 빅데이터를 처리할 수 있는 플랫폼의 필요성이 커졌고, 야후의 하둡Hadoop을 필두로 구글, 아파치 재단 등을 통해 대규모 비정형 데이터를 실시간으로 다룰 수 있는 빅데이터 플랫폼 기술이 등장해 텍스트와 이미지, 사운드와 동영상은 물론 3D 데이터까지 자유자재로 활용해야 하는 메타버스 구축의 기초가 마련되었습니다.

빅데이터만 처리한다고 메타버스가 구축될 수 있는 것은 아니지요? 언제 어디서나 컴퓨팅 디바이스와 상관없이 메타버스를 쉽게 경험하고, 빅데이터를 처리하기 위해서는 클라우드 인프라가 필요합니다. 이 개념은 2002년 아마존웹서비스AWS를 출범한 아마존이 처음으로 정립했습니다. 이어서 아마존은 2006년 '(웹)운영체제로서의 인터넷internet as an operating system'을 표방하며 하드디스크 저장공간과 컴퓨터의 CPU 자원을 인터넷상에서 쉽게 제공하는 인프라를 구축하려 했습니다. AWS는 2014년 정도가 되어서야 매출이 크게 신장되고 큰 이익을 거두면서 모든 것이 인터넷상에서 돌아갈 수 있는 토대를 제공하기 시작합니다. 물론 일찍이 기술의 미래를 내다본 구글이나 마이크로소프트 등도 매출이 크게 신장되기 전에 아마존에 대응해 클라우드 인프라 서비스를 제공하기 시작했지만, 클라우드가 대세로 정착한 것은 불과 최근 몇 년 사이의 일입니다.

클라우드와 빅데이터라는 강력한 기초 컴퓨팅 기술이 있었기에, 우리가 지금 메타버스와 생성형 인공지능 기술에 대해 이야기할 수 있다는 것을 잊어서는 안 됩니다.

디지털 트랜스포메이션과 변화하는 기업 환경

기업 환경의 변화도 메타버스 시대를 이해하는 키워드로서 중요합니다. 특히 어떤 업종의 기업이든 상관없이 중요한 키워드로 떠오르는 것이 바로 디지털 트랜스포메이션digital transformation입니다.

사실 디지털 트랜스포메이션은 최근 변화된 상황이 아니

더라도 중요성이 계속 언급되어왔던 키워드입니다. 무엇보다 디지털 트랜스포메이션이 진행되면 기업의 의사 결정이 데이터 기반으로 합리적으로 진행되고, 속도도 매우 빨라지며, 이를 통해 기업의 경쟁력이 증가한다는 것은 매우 잘 알려진 사실입니다. 여기에 더해 코로나19 상황에서 재택근무 등이 확대되면서 자연스럽게 모든 일을 비대면으로 진행할 수 있도록 하는 다양한 온라인 기반 서비스가 등장했습니다. 여기에 익숙해진 직원들이 많은 기업의 경우 사무실을 아예 없애고 완전한 버추얼 오피스를 기반으로 운영하는 곳도 등장하고 있습니다.

보편화되어가는 비대면 회의와 원격 근무.

예를 들어 필자가 2020년 미국 나스닥에 상장한 세계적 암호 화폐 거래소 코인베이스의 수석 개발자와 회의를 했을 때의 일입니다. 글로벌 회의를 이렇게 쉽게 하게 된 것도 디지털 트랜스포메이션의 영향으로 볼 수 있지만, 그보다 더 놀라웠던 것은 코인베이스 개발자들이 미국 내 여러 도시에 흩어져 일하고 있다는 점이었습니다. 그 점이 신기해서 "코인베이스는 뉴욕 월 스트리트와 밀접한 곳이니 뉴욕에 회사가 있고, 그 근처에 사는 것이 일반적이지 않으냐?"라고 질문했더니, 개발자가 웃으면서 "코인베이스의 본사 주소를 찾아보세요"라고 답했습니다. 그래서 검색해봤더니 놀랍게도 기업의 물리적 주소가 없었습니다. 코인베이스는 처음으로 물리적 주소가 없이 나스닥에 상장한 기업이었던 것입니다.

　이렇게 큰 기업은 물론이고, 작은 스타트업 기업, 특히 IT 분야 기업의 경우 국경의 장벽을 넘어 완전히 버추얼로 운영하는 곳이 매우 많습니다. 코로나19가 잠잠해진 최근 실리콘밸리를 방문했을 때도 크게 다르지 않았습니다. 구글은 출근을 권하기는 하지만 대다수 직원이 원격 근무를 하고 있었고, 회사에 출근할 때도 노트북 하나만 들고 어디에서

든 일할 수 있는 환경이 갖춰져 있었습니다. 보통 일주일에 두세 번 정도는 회사에 출근하라고 하지만, 여전히 100% 원격으로 근무하는 직원도 많았습니다. 포토샵으로 유명한 어도비의 경우도 크게 다르지 않았습니다. 일주일에 한 번 팀원 얼굴을 보는 차원에서 시간을 맞춰 미트업meet-up이라고 부르는 회의를 하고, 오피스는 마치 공유 오피스처럼 운영하고 있었습니다.

이런 오피스 없는 기업이 제대로 운영되기 위해서는 기업이 보유한 거의 모든 자산, 그리고 일과 관련된 것을 모두 디지털 기반으로 접근 가능하도록 하고, 여기에서 가치를 창출할 수 있어야 합니다. 디지털 트랜스포메이션이 그저 기업의 경쟁력을 높이는 수준이 아니라, 기업 자체의 존재를 규정하는 시기에 접어들고 있는 것입니다.

상황이 이렇다 보니, 디지털 공간에서 일하는 환경을 보다 현실감 있게 해주는 서비스나 플랫폼도 많이 보급됐습니다. 네트워크의 속도나 PC 사양 등을 감안해 도트로 만든 2D 공간에서 미팅과 업무 등을 하는 개더타운Gather Town 같은 플랫폼이 초기에 인기를 끌었고, 그 이후에는 3D로 자신과 거의 비슷한 아바타를 활용할 수 있고, 매우 다양한 형태의 멋진 근무 공간을 제공하는 스페이셜Spatial 등의 플랫폼이 인기를 끈 것도 이런 맥락에서 이해할 수 있습니다.

이제는 이런 메타버스 공간에서 일하는 것이 일상화될 가능성이 높아지고 있습니다. 최근 발표된 애플의 비전 프로 Vision Pro 기기의 경우, 이런 환경에서 일할 수 있는 미래 컴퓨팅 환경으로서의 가치를 가장 중요하게 생각하고, 그보다 먼저 발표된 메타의 퀘스트 XR 기기의 경우에도 초기에는 3D 게임이나 콘텐츠를 소비하는 데 초점을 맞췄지만, 최근에는 마이크로소프트와 협력해 일하는 환경을 구축하는 것을 매우 중요하게 생각하고 있습니다.

이처럼 메타버스와 생성형 인공지능 기술 시대 진입에는 단순히 해당 기술의 발전만 연관되어 있는 것이 아닙니다. 다양한 사회경제적 요인과 그 바탕이 되는 기술이 범용화되고 쉽게 사용되며, 이것이 업무 환경과 디지털 트랜스포메이션이 기본이 되는 시대가 되어가면서 이런 변화를 앞당기고 있습니다.

2
메타버스의 대표 콘텐츠,
게임

게임과 메타버스는 어떻게 비슷하고, 어떻게 다를까요?

먼저 게임과 메타버스는 공통적으로 가상 세계를 제공합니다. 메타버스에서나 게임에서나 플레이어는 제공된 가상세계와 가상공간에서 다양한 활동을 즐기며, 가상 캐릭터를 조작해 이야기를 진행합니다. 또 게임과 메타버스 모두에서 상호작용을 통해 다양한 변화를 겪습니다. 즉 가상공간에서 다른 사람 또는 플레이어를 만나고, 이들과 함께 게임을 즐기거나 메타버스를 탐험합니다. 마지막으로 게임이나 메타버스 모두 플레이어가 자신에게 맞는 캐릭터를 창조합니다. 자신의 디지털 버전을 만드는 작업을 필수로 진행하는 것이지요.

그렇다면 뭐가 다를까요? 일단 지향하는 목적에 차이가 있습니다. 게임은 대체로 보상을 얻거나 경쟁에서 이기기 위해 즐기는 것이 주목적인 데 반해, 메타버스는 사용자의 상호작용과 창의적인 활동 자체에 초점을 맞추는 경우가 많습니다. 또 자유도에도 차이가 있습니다. 메타버스에서의 플레이어 자유도가 아무래도 게임보다 훨씬 높습니다. 게임에서는 사전에 정해진 미션이나 게임의 진행이라는 특징 때문에 플레이어의 선택이 제한되는 경우가 많습니다. 그에 비해 메타버스에서는 플레이어가 자유롭게 움직이고 상호작용할 수 있는 여지가 훨씬 크다고 할 수 있습니다.

다른 말로 이야기하자면 게임은 적극적인 게임 요소를 지니고 있기에, 플레이어가 게임 세계에서 무언가를 이루기 위해 노력한다고 할 수 있습니다. 그리고 게임 기획자 또는 게임 개발자의 역할이 매우 큽니다. 그에 비해 메타버스는 좀 더 탐험적 성격을 띠며, 플레이어가 가상공간과 가상 세계를 탐험하고 다양한 경험을 쌓는 것을 주목적으로 합니다. 그렇기에 메타버스 기획자는 세계관을 매우 적게 제공하고, 플레이어들이 활용할 수 있는 재료를 더욱 많이 공급해서 이들이 세계를 풍성하게 만들고, 더 많은 경험을 하도록 하는 데 초점을 맞춥니다.

마지막으로 경제 모델에서도 차이가 납니다. 게임은 유료로 판매되거나 구독을 하기도 하고, 캐릭터나 장비 등 일부 요소를 판매하기도 합니다. 그에 비해 메타버스는 사용자가 참여하고 창작하는 콘텐츠가 매우 중요하며, 그 세계 자체가 지속 가능하게 만드는 경제 모델을 설계하고, 이에 따른 변화와 발전을 겪습니다.

이제 게임이면서도 메타버스로 인정받는 대표적인 두 게임인 '포트나이트'와 '로블록스'에 대해 알아보면서, 무엇이 이들을 게임인 동시에 메타버스로 인정받게 했는지 살펴보겠습니다.

포트나이트는 에픽게임즈Epic Games에서 개발해 2017년에 출시한 온라인 비디오게임입니다. 한국에서도 큰 인기를 끈 펍지PUBG의 배틀그라운드와 마찬가지로 전투를 통해 최후의 1인이 되는 것을 목표로 싸우는 일종의 서바이벌/배틀로열 장르 게임입니다. 포트나이트는 3가지 게임 모드 버전으로 제공되는데, 이 중 '포트나이트 크리에이티브'에서는 플레이어가 자유롭게 월드와 배틀 아레나를 만들 수 있습니다.

같은 배틀로열 장르의 게임이지만 배틀그라운드와 달리 포트나이트를 일종의 메타버스로 생각하는 이유가 바로 포트나이트 크리에이티브 때문입니다. 게임 내에서 다양한 활동을 즐길 수 있는 가상 세계를 제공하는데, 이 가상 세계에서 플레이어가 캐릭터를 조작해 다른 플레이어들과 실시간으로 상호작용할 수 있고, 게임 내에서 진행하는 다양한 이벤트와 활동에 어떤 제약도 없이 참여할 수 있습니다. 정해진 규칙에 맞춰 경쟁해야 하는 다른 게임들과는 다른 점이지요. 또 포트나이트는 사용자가 가상 세계 내에서 자신만의 건물이나 구조물 등을 만들어 자유롭게 공유할 수 있는 창작 요소를 갖추고 있습니다. 이를 통해 크리에이터가 다수 등장할 수 있고, 이들의 자유로운 활동을 통해 세계가 확장되고 더욱 풍부해집니다. 크리에이터 생태계가 활성화되는 메타버스의 전형적 특징이라 할 수 있습니다.

포트나이트는 게임 외부에서도 다양한 콘텐츠를 제공합니다. 다양한 음악, 영화, 코믹 등의 콘텐츠와 협업을 진행하며, 이를 통해 게임 외부에서도 다양한 활동을 즐길 수 있는 플랫폼으로 자리매김했습니다. 포트나이트를 대표적인 메타버스로 각인시킨 사건으로는 2021년 4월 전 세계적으로 진행된 래퍼 트래비스 스콧의 가상 공연을 들 수 있습니다. 이 공연은 메타버스 요소를 갖춘 대표적인 사례로 회자됩니다. 일종의 게임 내 이벤트 형태로 진행됐는데, 트래비스 스콧은 공연을 하고, 플레이어들은 캐릭터를 조작하면서 라이브 공연을 감상할 수 있었습니다. 이때 포트나이트의 가상공간은 다양한 판타지 세계로 변신했고, 참여한 플레이어들은 실제 공연에서 협연을 하는 것 같은 경험을 할 수 있었습니다.

그렇다면 로블록스는 어떨까요? 로블록스는 자유도가 높은 샌드박스형 게임으로, 매우 다양한 참여자가 자신들의 세계를 구축하고, 자신을 대표하는 아바타를 통해 여러 상호작용으로 수많은 경험을 만들어나갑니다. 비슷한 게임으로는 마인크래프트Minecraft가 있습니다. 로블록스는 여기에 경제적인 생태계까지 구축하면서 승승장구했습니다.

로블록스에서도 게임 내에서 다양한 활동을 즐길 수 있는 가상 세계가 제공됩니다. 가장 큰 강점은 사용자가 가상 세계에서 자신만의 게임, 콘텐츠, 아이템 등을 만들어 자유롭게 공유할 수 있는 창작 요소를 매우 강화했다는 것입니다.

여기에 더해, 로블록스는 다양한 코딩 교육 프로그램을

10대의 창작 메타버스로서의 입지를 확고히 다진 로블록스.

제공하고 이를 통해 사용자들이 프로그래밍 지식을 습득하고 게임 개발에 참여할 수 있도록 장려합니다. 또 다양한 교육적인 콘텐츠와 협업을 진행하면서 현실 세계와의 매우 강력한 접점도 가지고 있습니다. 무엇보다 로벅스Robux라는, 로블록스 내부에서 통용되는 화폐 시스템을 통해 크리에이터들에게 경제적 인센티브를 제공하고, 이렇게 얻은 이득이나 콘텐츠가 다시 로블록스 세계를 더욱 풍성하게 만들어 더 많은 사용자를 유인하는 선순환의 생태계를 만들어낸 점이 다른 게임들과 매우 차별화된 로블록스의 메타버스로서 특징을 보여준다고 할 수 있습니다.

게임의 현실 세계로의 확장과 현실 세계의 게임화

메타버스로 확장하는 게임에 대한 전반적 내용을 한번 훑어보았습니다. 이제는 첫 장에서 설명한 광의의 메타버스, 즉 디지털 세계라고 할 수 있는 게임의 세계와 아날로그인 현실 세계가 만나는 부분에서 이루어지는 여러 노력과 발전 방향에 대해 생각해보겠습니다.

먼저 게임 세계가 현실 세계로 확장해나가기 위한 노력입니다. 여기에서도 많은 기술이 도움을 줍니다. 가장 먼저 떠올릴 수 있는 기술은 바로 AR, 증강현실입니다. 증강현실은 게임을 현실 세계와 더욱 가깝게 해주는 기술이라고 할 수 있습니다. 이 기술을 이용하면 게임 캐릭터나 아이템 등을 실제 세계에서 바로 확인하거나 조작 가능하게 확장할 수 있습니다. 이를 활용한 대표적인 사례가 세계적으로 인기를 끌고 있는 포켓몬고Pokémon Go입니다.

2016년 나이언틱Niantic이 닌텐도, 포켓몬 컴퍼니와 협력해 만든 포켓몬고는 모바일 증강현실 게임으로, 현실 세계의 위치를 추적할 수 있는 스마트폰의 GPS 기능을 활용해 플레이어의 실제 위치에 나타나는 포켓몬을 찾아 포획하고, 훈련하고, 전투를 벌이는 게임입니다. 포켓몬고는 2016년

포켓몬고를 플레이하는 모습.

한 해 동안에만 전 세계에서 5억 회 이상 다운로드되며 가장 많이 사용되고 수익성이 높은 모바일 앱 중 하나가 됐습니다. 위치 기반 및 AR 기술을 대중화하고, 신체 활동을 장려하며, 유동 인구까지 증가시켜 지역 비즈니스의 성장을 도왔다는 평가를 받는 등 게임이 실제 세계에 영향을 미치는 가장 커다란 성공 사례로 남았습니다. 현재에도 포켓몬고의 등급 높은 포켓몬이 등장하면, 그 장소에 스마트폰을 든 아이들이 모여들어 다 같이 사냥하는 묘한 장면을 많이 볼 수 있습니다.

가상현실 기술 역시 게임 세계와 현실 세계를 이어주는

기술로 볼 수 있습니다. 가상현실은 증강현실과는 반대로 플레이어가 완전히 가상 세계로 빠져들 수 있게 만들어주는 역할을 합니다. 게임을 즐길 때 착용하는 VR 헤드셋의 강력한 기능으로 시각, 청각, 몸동작 등을 제대로 인식할 수 있도록 해서 플레이어를 게임 세계로 이동시켜주며, 현실과도 같은 몰입감 있는 게임 경험을 제공하는 방식으로 현실 세계와 게임 세계를 연결합니다.

최근에는 게임을 실시간으로 스트리밍하면서 게임을 즐기는 다른 사용자들과 경험을 공유하고 더욱 현실적인 게임 플레이 경험을 제공하는 소셜 활동, 게임을 현실 세계와 연결하는 다양한 물리적 제품은 물론 외부에서 심심치 않게 볼 수 있는 게임 대회, 게임 매장이나 테마파크에 이르기까지 게임 세계가 현실 세계로 진출하는 사례를 많이 볼 수 있습니다.

반대로 현실 세계에 게임을 접목하는 '게임화'도 진행되고 있습니다. 아무래도 게임을 즐기는 사람들 중에는 교육을 받아야 하는 학생이 많은지라, 교육에 게임을 접목하는 노력이 가장 활발합니다. 게임을 교육 목적으로 이용하는 것이지요. 이를 통해 게임을 즐기면서 다양한 지식을 습득하며, 게임 내에서 적극적으로 참여하고 배우는 경험을 제공하는 경우가 늘고 있습니다. 가장 대표적인 것이 앞에서 언급한 마인크래프트나 로블록스의 교육 버전이나 코딩 교육 등을 들 수 있겠습니다.

실제와 유사한 경험에 초점을 맞춰 게임을 트레이닝에 활용하는 예도 늘고 있습니다. 가장 활발하게 접목되는 분야는 의료 분야입니다. 간호사나 의사의 트레이닝을 위해서도 활용하고, 경우에 따라서는 게임을 통해 치료를 하기도 합니다. 게임으로 환자의 신체 활동을 유도하고 치료 효과를 높이는 것이지요. 고소공포증, 거미공포증, 폐쇄공포증 등 다양한 공포증을 치료하거나, 우울증 같은 정서장애를 치료하고, 몸이 마비되거나 수술 후 재활이 필요할 때 운동을 촉진하는 등 활용 폭이 넓어지고 있습니다. 특히 코로나19와 함께 홈트레이닝이 늘면서, 게임적 특징을 운동기구와 결합해 큰 성공을 거두는 경우도 있습니다. 한국에서 인기 있는 스크린 골프가 대표 사례이며, 미국에서는 자전거 시뮬레이션인 펠로톤Peloton이 큰 인기를 끌기도 했습니다.

게임을 광고 채널로 이용하는 사례나 게임 기반 전자 상거래도 향후 크게 늘어날 것으로 보입니다. 게임 내에서 제품이나 브랜드를 홍보하고, 게임을 플레이하는 사용자의 관심을 끌어낼 수도 있습니다. 대표적인 예는 LG전자가 닌텐도의 히트 게임 중 하나인 '모여봐요 동물의 숲'에 만든 올레드 섬OLED Island입니다. 이처럼 게임은 이제 현실 세계와 떼려야 뗄 수 없이 밀접한 관계로 진화하고 있습니다.

아직은 게임과 메타버스를 약간의 구분을 두고 따로 이야기합니다. 하지만 궁극의 게임이 등장하거나 현실 세계가 디지털 기술로 크게 변화한다면 언젠가 세계는 게임과 현실이 항상 공존하는 상태로 진화하지 않을까요? 그때쯤이면 지금처럼 게임과 메타버스를 구분하려는 논의 자체가 무의미해질지도 모르겠습니다.

3
메타버스 기술의
미래

메타버스에 대해 처음으로 언급한 닐 스티븐슨의 《스노 크래시》에서는 메타버스를 상당 부분 하드웨어 형태로 오감을 보다 실제와 같이 느끼게 만드는 기술로 이야기하고 있습니다. 《스노 크래시》의 내용을 다시 한번 살펴보겠습니다.

양쪽 눈에 보이는 모습에 약간의 차이를 두면 그림은 입체적으로 보인다. 1초에 그림을 72번씩 바꿔주면 그림은 실제로 움직이는 효과를 낸다. 움직이는 입체 그림을 가로 2,000픽셀 크기로 보여주면 사람의 눈이 인식할 수 있는 최대치에 도달한다. 그리고 작은 이어폰을 통해 스테레오 디지털 사운드를 들려주면 움직이는 입체 화면은 완벽히 실제와 같은 배경음을 갖게 된다.

재미있는 것은 이 소설이 나온 후 30년 가까운 시간이 흘러 메타(당시 페이스북)가 출시한 오큘러스 퀘스트 2 Oculus Quest 2라는 제품의 하드웨어 규격입니다. 해당 제품의 규격은 다음과 같습니다.

메타의 오큘러스 퀘스트 2.

LCD 패널 해상도: 1832×1920픽셀

주사율(초당 깜빡임): 72헤르츠, 최대치는 120헤르츠

양쪽 눈에 다른 이미지를 보여줌으로써 3차원으로 느끼게 하는 것까지는 30년 전에도 이야기할 수 있었겠지만, 해상도 2,000픽셀, 그리고 완전히 동일한 72헤르츠 주사율이라는 것은 우연이라 생각하기에는 너무나 정확한 예측이 아니었나 싶습니다. 물론 이런 가상현실 기기가 상용화된 것은 꽤 오래전 일이지만, 퀘스트 2가 출시되고 나서야 많은 사람이 진짜 제대로 된 게임이나 시뮬레이션이 가능할 것이라 느낀 것을 감안하면 실로 대단한 선견지명이 아니었나 싶습니다.

이번 장에서는 아무리 콘텐츠나 개념, 기술이 발전하더라도 메타버스를 제대로 서비스하기 위해 없어서는 안 될 마지막 퍼즐이라고 할 수 있는 하드웨어의 발전에 대해 알아보겠습니다. 결국 모바일 시대도 아이폰과 함께 등장한 스마트폰의 대중화로 꽃피운 것을 생각하면, 하드웨어의 발전을 논의하지 않고 메타버스를 이야기하는 것은 팥소 빠진 찐빵과도 같은 것일 테니까요.

영화에서 현실로, 레디 플레이어 원

《스노 크래시》라는 소설이 메타버스를 구현하는 하드웨어 디바이스의 형태에 대해 글로 설명하면서 개념을 제시했다면, 아주 구체적으로 어떤 형태의 디바이스와 기술이 메타버스 경험을 전달할 것인지는 스티븐 스필버그가 감독한 〈레디 플레이어 원〉이라는 영화가 가장 잘 보여줍니다. 이 영화는 어니스트 클라인Ernest Cline의 동명 소설을 원작으로 한 작품이지만, 워낙 영화의 시각적 완성도가 높아 원작보다는 영화에 등장한 기기들의 형태를 바탕으로 미래 메타버스 디바이스에 대한 이야기를 해보겠습니다.

영화는 사람들이 '오아시스OASIS'라고 불리는 가상현실 게임에서 많은 시간을 보내는 2045년의 미래를 배경으로 합니다. 오아시스는 'Ontologically Anthropocentric Sensory Immersive Simulation'의 약자입니다. 사막의 오아시스를 연상시키기도 하지요. 위 내용을 우리말로 풀어보자면 '온톨로지 기반의 인간 중심적 감각 몰입형 시뮬레이션'이라는 어려운 용어가 됩니다. 이때 온톨로지는 사람들이 세상에 대해 보고 듣고 느끼고 생각하는 것에 대해 합의를 이룬 개념을 컴퓨터에서 다룰 수 있는 형태로 표현한 모델을 의미합니다. 즉 오아시스는 컴퓨터를 통해 우리가 아는 세상을 인식할 수 있도록 한 것이며, 이를 감각적으로 완전히 몰입할 수 있는 시뮬레이션으로 풀어냈다는 뜻입니다. 그러므로 이를 위해서는 우리의 오감을 온전하게 컴퓨터를 통해 느낄 수 있어야겠지요?

인간이 세상을 느끼는 감각 중에서 가장 중요한 것은 다름 아닌 시각입니다. 그래서 시각을 제어하기 위해 눈에 디스플레이를 뒤집어써서 온전히 컴퓨터가 만들어내는 세계를 느낄 수 있도록 하는 기기가 필요한데, 보통 이런 기기는 머리에 뒤집어써서 눈에 고정하기 때문에 두부 거치 디스플레이Head Mounted Display 혹은 HMD라고 부릅니다.

그런데 이 영화에서는 단순히 HMD만 착용해 시각적으로만 몰입하게 만드는 것이 아닙니다. 다른 여러 감각들로도 몰입하게 하는 디바이스나 제품도 많이 등장합니다. 여주인공을 맡은 올리비아 쿡이 장착한 디바이스를 보면 청각을 완전히 컨트롤할 수 있는 형태입니다. 이 경우에는 3차원 사운드를 통해 현실 공간과도 같은 소리를 듣게 할 수 있을 것입니다.

더 나아가서는 현실 세계와 같은 촉감이나 몸으로 느끼는 충격 등을 전달하기 위한 디바이스도 등장합니다. 주인공이 입는 슈트는 'X1'이라고 불리는 제품으로, 영화에 등장하는 기업 IOI에서 판매하는 최신 가상현실 슈트입니다. 착용한 플레이어가 오아시스에서 아바타가 느끼는 감각을 전부 느낄 수 있고, 촉각은 물론 통증까지 느낄 수 있다고 하지요. 레이싱에서 우승한 주인공이 상금을 써서 현실 세계에서 배송받아 사용하게 됩니다. 또 IOI에서 게이머들을 고용해서 작업하는 시설에서는 수많은 게이머가 걷고, 뛰고, 움직이는 모든 동작을 감지해 게임에서 활용할 수 있도록 하는 디바이스도 등장합니다.

놀랍게도 이런 장비들은 아직 퀘스트 제품처럼 널리 보급

가상현실 공간에서의 움직임을 시뮬레이션할 수 있는 옴니.

되지 않았을 뿐, 이미 비슷한 형태로 출시되어 판매되고 있기도 합니다. 버툭스Virtuix의 옴니Omni는 250만~300만 원 정도에 구매할 수 있는데, 아직 일반인이 사기에는 고가지만 군대나 첨단 기술 시뮬레이션이 필요한 곳에서는 실제로 활용하고 있다고 합니다.

가상현실 슈트도 실제로 제작되어 판매되는 것들도 있습니다. 테슬라슈트Teslasuit는 비가 내리는 감각까지 느낄 수 있을 정도로 정교하게 만든 제품으로 1만 3,000달러 (1,500만 원)의 고가로 판매되며, 현재는 제한 수량만 제작해 기업 고객에게만 판매합니다. 물론 방탄 조끼 형태로 저렴하게 충격 등을 전달하는 수십만 원짜리 제품도 등장해 일반에 판매되고 있지요. 앞으로 콘텐츠가 충분히 많아지고, 오아시스 같은 베스트셀러 게임 월드가 등장한다면 이와 같은 제품도 많이 만들어져 보급될 것으로 보입니다.

테크 리포트:
현실과 가상을 잇는 기술 경쟁

애플과 메타의 하드웨어 경쟁

코로나19 팬데믹이 종식되면서 메타버스 환경이나 게임 등
의 매출이 주춤했고, 메타버스 하드웨어 시장이 지난 수년
간 이루어온 급격한 발전에도 약간의 제동이 걸렸습니다.
하지만 이미 판매된 제품이 많고, 시장도 지속적으로 커지
고 있기에 미래는 밝다고 하겠습니다.

　메타버스용 하드웨어 디바이스를 가장 열심히 개발하고
보급해온 기업은 단연 메타입니다. 기업명을 페이스북에서
메타로 바꿀 정도로 메타버스에 진심인 이 기업은 연구와
상업화 모두에 많은 투자를 하고 있습니다. 2014년 3월, 당
시 소규모 기업이던 VR 헤드셋 제조업체 오큘러스를 인수

하면서 디바이스 시장에 가장 먼저 뛰어들었고, 과거와 같은 수준의 속도와 자원을 투입하지는 못하지만 최근 인공지능 기술에 대한 투자를 늘리면서 여전히 수준이 가장 높은 제품들을 내놓으며 시장을 선도하고 있습니다.

한편 그동안 가능성만 체크하고 여러 관련 스타트업을 인수해왔던 애플의 행보가 예사롭지 않습니다. 2023년 6월 12일, 애플 CEO 팀 쿡은 애플의 새로운 차세대 컴퓨팅 디바이스인 비전 프로를 선보였습니다. 기존에 발표됐던 숱한 확장현실 HMD와는 확실히 다른 방향성을 제시했기에 이로 인한 파급력은 상당할 것으로 예상됩니다.

기술적으로 보자면 이번에 애플이 발표한 비전 프로의 핵심 기술이나 기능은 메타의 퀘스트 제품군을 고급스럽게 만든 것에 가깝습니다. 그러나 비전 프로가 그동안 출시된 다른 XR 디바이스들과 가장 차별화되는 점은 퀘스트 등의 제품처럼 게임이나 시뮬레이션, 메타버스 등을 활용하기 위해 필요한 기기로 사용하는 것이 아니라, 아예 차세대 컴퓨팅 환경으로서 포지셔닝을 시도하고 있다는 것입니다.

팀 쿡은 발표하는 내내 '메타버스'라는 용어를 의도적으로 사용하지 않았고, VR·AR·XR·MR 등의 기술 용어도 쓰지 않았습니다. 3D 게임을 강조하지도 않았고, 애플의 새로운 메타버스 플랫폼을 등장시키지도 않았지요. 그가 선택한 용어는 '공간 컴퓨팅spatial computing'이라는 용어입니다. 즉 비전 프로와 함께 사용자 주변 공간이 컴퓨터를 활용할 수 있는 공간으로 바뀌며, 이렇게 바뀐 환경을 제어하고 사용자가 최고의 경험을 할 수 있도록 비전 프로를 차세대 컴퓨팅 디바이스로 차별화했습니다. 해당 용어를 쓰지 않았을 뿐 결국 메타버스를 위한 XR 기기를 발표한 것입니다.

애플이 제품을 출시한다면, 메타가 단독으로 시장을 이끌던 상황과는 크게 달라질 것으로 보입니다. 애플의 내부 리포트를 보면 해당 제품 출시 후 10년 정도에 걸쳐 스마트폰 시장을 대체하리라고 예상합니다. 이제는 더 이상 꿈과 같은 제품이 아닌 것입니다.

애플이 움직이자, 경쟁 기업들도 보다 적극적으로 대처하기 시작했습니다. 소니의 경우 플레이스테이션 VR의 차세대 버전인 플레이스테이션 VR2를 발매하면서 일단 게임기 시장의 전환을 시도하고 있고, 삼성전자와 구글, 퀄컴은 2023년 2월 갤럭시 언팩unpack 행사를 통해 삼각동맹을 맺으면서 확장현실XR 기기를 개발한다고 발표했습니다.

과거 홀로렌즈HoloLens라는 제품을 출시하면서 증강현실 기기 분야에서는 독보적인 위상을 구축했던 마이크로소프트의 전략 수정도 흥미롭습니다. 마이크로소프트는 최근 오픈AI OpenAI와 협력해 인공지능 분야에 대한 투자를 진행하면서 일부 사업을 정리하는 대신, 이미 판매량이 많은 메타의 헤드셋에 자사 솔루션을 공급하는 등의 시도로 시장 확대를 노리고 있습니다. 또 최근에는 LG전자가 메타와 손잡고 새로운 HMD 디바이스를 출시할 것이라고 밝혔는데, 바

야흐로 글로벌 빅테크 컴퍼니들의 거대한 대결구도가 시작되면서 비로소 저렴하면서도 사용성이 높은 기기의 등장을 기대할 수 있게 되었습니다.

유니티와 언리얼 엔진의 소프트웨어 경쟁

메타버스는 대체로 커다란 3D 공간을 구성하고, 그 안에서 활동하는 여러 아바타를 직접 만들어 살아 숨 쉬게 해야 하며, 동시에 실제 세계와 비슷한 물리 법칙이나 환경 등을 제공해야 합니다. 그러기 위해서는 소프트웨어 프로그래밍 코딩 이상으로 중요한 것이 세계와 객체를 디자인하고 배치하는 일종의 디자인 능력입니다. 이는 게임을 개발하는 것과 매우 유사하지요. 그러다 보니, 기존에 게임 개발을 도와주던 콘텐츠와 소프트웨어 플랫폼을 그대로 메타버스의 제작과 운용 소프트웨어를 만드는 데 활용했고, 이들이 대세를 장악해가고 있습니다.

　현재 메타버스를 제작하는 데 가장 많이 활용하는 플랫폼은 유니티Unity입니다. 유니티는 유니티 테크놀로지스에서 개발한 크로스플랫폼(여러 플랫폼을 지원하는) 게임 엔진으로, 2005년 6월 처음으로 소개됐습니다. 이 엔진은 3D, 2D

게임뿐만 아니라 인터랙티브 시뮬레이션 및 영화, 자동차, 건축, 엔지니어링, 건설은 물론 군사적 용도로도 활용될 정도로 높은 활용도를 자랑하기 때문에, 이제는 게임 엔진으로만 분류하기보다 메타버스 구축 엔진으로 표현하는 것이 더 적절할 것으로 생각됩니다.

강력한 메타버스로 지칭되는 포트나이트 게임 플랫폼을 개발한 에픽게임즈가 제공하는 언리얼 엔진Unreal Engine, UE이라는 강력한 경쟁자도 있습니다. UE는 유니티보다 훨씬 앞선 1998년에 동명의 게임 '언리얼'에서 처음 선보였습니다. 처음에는 PC용 1인칭 슈팅 게임을 만드는 데 활용되다 이후 다양한 장르의 게임 제작에 사용되었습니다. 강력한 성능만큼 가격도 비쌌고, 프로그래밍도 쉽지 않았기 때문에 대규모 게임 스튜디오에서만 활용했는데, 이 약점을 후발 주자인 유니티가 파고들면서 약간의 위기를 겪었지만 지금은 매우 공격적으로 유니티를 따라잡고 있습니다.

유니티와 UE 외에도 다양한 게임 엔진이나 메타버스 제작 플랫폼이 등장하고 있지만, 아직은 이 양강 구도를 깰 정도로 큰 성과를 내는 경우는 거의 없습니다. 다만 최근 급부상한 메타버스를 일종의 웹으로 본다면, 웹에서 인터넷 기반으로 특별한 엔진을 사용하지 않고, 웹 브라우저 형태로 확장현실XR을 지원하고자 하는 웹엑스알WebXR 기술이 크게 부상하고 있다는 점을 눈여겨봐야 할 것 같습니다. 모바일 앱 개발의 경우, 초기에는 iOS나 안드로이드 등의 모바일 운영체제마다 앱을 따로 만들곤 했지만 최근에는 양쪽 모두를 지원하는 웹 기반 기술로 대부분을 만들고, 껍데기만 앱 형태로 제작해서 유통하는 경우가 많습니다. 이처럼 메타버스도 유니티나 UE 같은 특정 엔진에 의존하기보다 웹의 표준으로 진행할 가능성이 높다는 전망이 나오고 있고, 이것이 웹엑스알 기술을 주목하는 이유입니다.

생각하고 창조하는
생성형 AI

1
AI가 학습하는
3가지 방법

2012년 딥러닝deep learning 기술을 활용한 팀이 등장해 세계 최고의 영상 인식 대회인 이미지넷 챌린지에서 우승한 이후 매우 많은 혁명적 변화가 이루어졌습니다. 이제 어느 기기에서나 쉽게 얼굴과 음성을 인식할 수 있는 시대가 됐고, 2016년 알파고가 등장하면서부터는 바둑을 비롯해 대부분의 비디오게임, 그리고 규칙이 있고 정해진 문제를 푸는 종류의 일은 인공지능이 인간보다 잘할 수 있게 됐습니다.

그럼에도 지금까지는 창작과 창의적 생각, 예술적 작업, 그리고 무엇보다 자연어를 이해하고 그 맥락에 맞는 일은 인공지능이 쉽게 수행할 수 없으리라는 믿음이 있었습니다. 그런데 2022년 말 혜성같이 등장한 챗GPTChatGPT와 스테이블 디퓨전Stable Diffusion을 보면 인공지능이 말도 잘 알아 듣고, 심지어 문장의 맥락에 맞춰 그림까지 멋지게 그려냅니다. 이로써 창의와 창작, 언어 영역도 더 이상 인공지능이 침범하지 못할 영역이 아니라는 것이 명확해졌습니다.

　이런 생성형 인공지능 기술의 활성화는 메타버스에도 심대한 영향을 미치고 있습니다. 향후 크리에이터들이 인공지능을 활용하면서 메타버스에 엄청난 변화를 가져올 것이고, 메타버스는 그 어느 때보다 풍부한 생성물과 인간과의 조화 속에서 성장할 것입니다. 이번 장에서는 생성형 인공지능 기술의 등장과 기술의 특징, 그리고 이들을 통해 나타날 메타버스의 변화상에 대해 알아봅니다.

인공지능 기술은 매우 넓은 의미를 담고 있는 용어입니다. 그중에서도 인간의 뇌 신경의 연결과 비슷한 형태로 데이터 구조를 만들어 계산하는 방식으로 학습하는 기술을 인공 신경망artificial neural network이라고 합니다. 그런데 이런 인공 신경망의 계층을 여러 층으로 쌓았더니 학습이 매우 잘 진행되면서 엄청난 성과를 거두었습니다. 이렇게 '깊게' 쌓은 신경망에서 학습을 한다고 해서 최근의 인공지능을 '딥'

러닝이라고 부르게 됐습니다.

딥러닝 기술은 데이터의 특성과 그 목적, 계산하고 학습하는 방식에 따라서 크게 3가지로 분류합니다. 강화 학습reinforcement learning, 지도 학습supervised learning, 자가 지도 학습self-supervised learning으로, 자가 지도 학습은 초기에는 비지도 학습이라고 불렀다가 2019년부터 '비지도'라는 용어가 아무런 힌트 등이 없이 학습하는 것으로 오해할 수 있다는 의견이 있어 '자가 지도 학습'으로 바꾸어 쓰고 있습니다. 최근 인기를 끌고 있는 GPT 등의 기술이 바로 이 자가 지도 학습 인공지능입니다. 간단하게 설명하면 아래와 같습니다.[5]

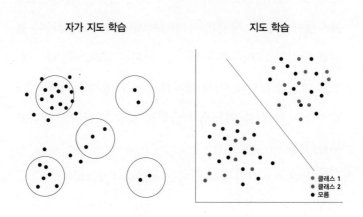

79페이지의 그래프는 지도 학습과 자가 지도 학습(비지도 학습)을 수학적 그래프로 간단하게 설명한 것입니다. 왼쪽 그래프에서는 이것이 어떤 클래스인지 알려주지 않습니다. 그저 다양한 방식으로 뿌려져 있는 점의 군집을 찾아내 그룹으로 구분합니다. 각각의 동그라미를 클래스 1, 클래스 2로 명명할 수도 있을 것입니다. 그렇지만 이들 클래스에 속하지 않는 점도 존재하지요. 이처럼 '어떤 것이 무엇이다'라는 답을 주지 않고 기계가 학습해서 알아내는 방식을 비지도 학습 또는 자가 지도 학습이라고 부릅니다.

오른쪽 그래프는 무엇이 다를까요? 오른쪽 역시 점 분포도인데, 클래스 1과 클래스 2가 어떤 것인지 파란색과 회색으로 표시했습니다. 그리고 잘 모르는 것들은 검은색으로 표시했습니다. 이 색깔은 이 점들에 대해 아는 사람들이 결정한 것이지요. 이것은 클래스 1, 저것은 클래스 2, 하는 식으로 지도한 것인데, 이를 레이블label이라고 부르며, 레이블을 지닌 데이터를 이용해 학습하는 것을 지도 학습이라고 부릅니다.

조금 더 직관적인 사례를 들어 설명해보겠습니다.[6]

지도 학습(분류 알고리즘)

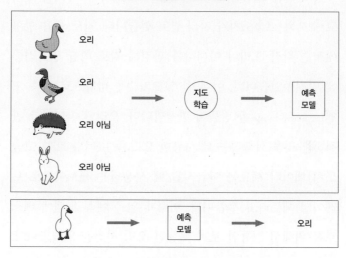

자가 지도 학습(군집화 알고리즘)

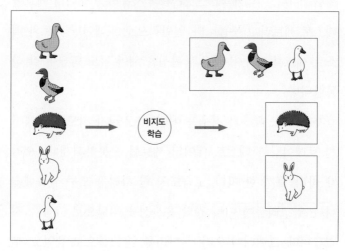

지도 학습 그림을 먼저 살펴봅시다. 오리 두 마리가 보이고 토끼와 고슴도치가 자리 잡고 있습니다. 지도 학습 상황에서는 각각 오리냐 아니냐를 판정해 지도 학습 알고리즘에 알려주었습니다. 이제 이 알고리즘을 바탕으로 예측 모델predictive model을 만들어 판정합니다. 오리냐 아니냐를 판정하는 것을 학습하는 데 사용한 오리 두 마리와 토끼, 고슴도치 데이터 세트는 학습시킬 때 사용하는 세트이므로 트레이닝 세트라고 부릅니다. 이렇게 얻은 예측 모델에 테스트를 위해서 그동안 보지 못했던 오리 사진을 입력합니다. 그랬더니 예측 모델에서 이 경우에는 오리라고 올바로 판정했습니다. 이렇게 테스트를 위해 사용하는 데이터 세트를 테스트 세트라고 부릅니다. 일반적으로 트레이닝 세트와 테스트 세트를 나누어 학습과 판정을 해야 지도 학습이 잘 작동합니다.

자가 지도 학습의 경우는 어떨까요? 자가 지도 학습에서는 트레이닝과 테스트 데이터 세트를 구분하지 않고 오리세 마리, 토끼 한 마리, 고슴도치 한 마리를 모두 사용했습니다. 알고리즘이 이들 간의 유사성을 바탕으로 그룹을 지었습니다. 그랬더니 오리 세 마리를 한 그룹으로 묶었고, 토끼 한 마리, 고슴도치 한 마리를 각각 묶었습니다. 이 과정에서 사람이 정답을 쓴다든지, 이것이 뭐라고 규정하는 등의 작업을 통해 개입을 하지 않았지요? 지도하지 않은 것이므로 비지도 학습(자가 지도 학습)이라고 부릅니다. 이처럼 자가 지도 학습(비지도 학습)의 경우에는 정답이 달린 데이터가 필요 없습니다. 이것이 가장 큰 차이점이라고 할 수 있습니다.

그렇다면 강화 학습은 무엇일까요? 가장 단순하게 설명하면 아래와 같습니다.

처음 보면 수학 공식처럼 느껴져 다소 어려울 수 있지만, 위 도식은 강화 학습을 가장 단순하게 정리한 것입니다. 해석하다 보면 의외로 길이 쉽게 보일 것입니다. 가장 중요한 것은 강화 학습이 학습하는 '에이전트'와 이를 둘러싼 '환

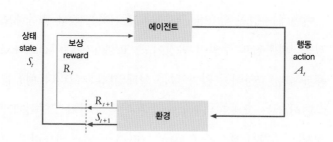

경'으로 이루어져 있다는 것을 이해하는 것입니다. 강화 학습에서는 에이전트와 환경이 다양한 변화를 겪을 때마다 서로 정보를 주고받으면서 학습합니다. 이때 현재의 '상태'를 스테이트state라고 부릅니다. 특정 시간 t의 상태(S_t) 다음에 에이전트가 어떤 행동(액션)을 하면 상태가 $t+1$시간의 상태를 의미하는 S_{t+1}로 바뀝니다. 이 액션에 따라 잘되거나 그렇지 못한 경우가 각각 있을 것입니다. 잘된 경우 보상을 줍니다. 보상을 타임 $t+1$에 주면 R_{t+1}이라고 표현합니다.

파블로프의 조건반사를 기억하시나요? 개에게 음식을 주고 벨을 누르는 실험이 연상될 것입니다. 이런 작업을 꾸준히 반복하면 이 모델은 특정 환경에서 특정한 에이전트가 상호작용하는 방식을 보상을 통해 적절하게 유도할 수 있습니다. 이런 식으로 학습하는 것을 강화 학습이라고 합니다.

이번에는 강화 학습을 고양이를 훈련하는 것에 비유해보겠습니다.[7] 집과 주인이 환경이고, 고양이가 에이전트라고 해봅시다. 고양이는 앉아 있는 상태입니다. 그러다 행동을 하면서 걷는 상태로 바뀌었습니다. 이때 주인이 고양이에게 생선을 주면서 보상을 합니다. 그러면 보상을 받으려고 고

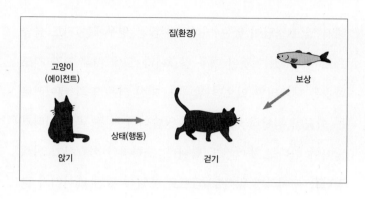

집(환경)

고양이
(에이전트)

보상

상태(행동)

앉기

걷기

양이가 계속 걷고, 그때마다 생선을 받아먹습니다.

현실 세계에서는 먹다가 배부르면 그만둘 것이므로 이런 상황이 발생하지 않을 것입니다. 하지만 게임이나 컴퓨터 환경에서는 보상을 끊임없이 받으므로 계속 걸을 수 있겠지요? 이렇게 학습하는 것이 강화 학습입니다.

이제 전체를 살펴보겠습니다. 인공지능, 그중에서도 딥러닝에는 지도 학습과 자가 지도 학습, 그리고 강화 학습이 주류를 이룹니다. 장점과 단점이 각각 존재해 어떤 것이 정답이라고 할 수는 없습니다. 지도 학습을 하려면 정답이 있는 데이터가 충분해야 한다는 것이 큰 문제입니다. 경우에 따라서는 사람들이 직접 레이블을 붙여야 합니다. 반면 원하는 작업을 비교적 정확하게 할 수 있습니다. 그래서 일이 정해져 있고 정답이 있는 데이터가 많은 경우에는 지도 학습으로 할 수 있는 것이 매우 많습니다. 그에 비해 자가 지도 학습은 데이터만 있으면 됩니다. 대신 적은 양의 데이터로는 학습이 원활히 이루어지지 않습니다. 이는 곧 데이터가 많아야 한다는 뜻이기도 합니다. 그렇지만 학습하기 위해 정답을 부여하지 않아도 되므로 쓰임새 있는 데이터가 많은 곳이라면, 여러 곳에 적용할 수 있습니다.

만약 현재 확보한 데이터가 거의 없다면 강화 학습밖에 방법이 없습니다. 강화 학습의 경우에는 에이전트가 실수나 성공을 할 때마다 학습하므로 계속 반복하면서 데이터가 저절로 생성됩니다. 즉 데이터가 형성되는 특징이 있습니다. 어린아이가 넘어지기도 하면서 걷는 법을 배우는 것과 비슷하지요. 이처럼 강화 학습은 반응에 대해 하나씩 적응하는 방식으로 배우는 특징 때문에 모델만 잘 만들면 다양한 곳에 활용할 수 있다는 것이 장점입니다. 딥마인드 같은 회사들이 강화 학습을 다양한 기능을 할 수 있는 일반지능 기술을 개발하는 데 활용하겠다고 하는 것도 이런 이유 때문입니다.

이런 분류를 가장 직관적으로 보여준 것이 딥러닝의 3대

천왕 중 한 명으로 불리는 뉴욕대학교 교수이자 메타의 인공지능 연구를 이끄는 얀 르쿤Yann LeCun의 케이크 이론입니다. 얀 르쿤은 2016년경부터 케이크 이론을 지속적으로 업데이트하면서 강연할 때마다 소개하고 있습니다.

먼저 강화 학습부터 살펴보겠습니다. 강화 학습은 딥마인드의 알파고 덕분에 더욱 유명해졌고, 차세대 AI 기술 중에서 특히 중요하다고 이야기하는 학자가 많습니다. 그런데 얀 르쿤의 케이크에서 강화 학습은 체리로 표현하고 있지요. 여기에 '순수한pure'이라는 말도 굳이 덧붙입니다. 기존

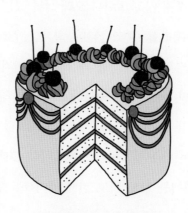

'순수한' 강화 학습은 체리
지도 학습은 아이싱
자가 지도 학습은 빵

강화 학습의 약점을 보강한 최신 강화 학습 기술과 구분 짓기 위한 것으로 보입니다.

전통적 강화 학습의 경우 기계가 가끔씩 주어지는 단순한 값을 보상으로 이용해 학습합니다. 이때 일부 샘플의 정보 값은 몇 비트에 불과합니다. 게임 등의 환경에서 반복적인 작업이 가능한 경우에는 종종 좋은 성과를 내지만, 이런 상황이 별로 발생하지 않는다는 것이 문제입니다. 예를 들어 바둑이라면 결국 마지막에 이기거나 지는 결과로 보상을 줄 수 있으며, 아케이드 게임이라면 점수가 올라가는지, 게임 캐릭터가 죽지 않고 얼마나 오래 살아 있는지 등으로 명확히 보상을 정리할 수 있습니다. 하지만 우리 일상생활에서는 그렇게 명확하게 보상을 파악하기 어렵지요.

다시 말하면, 어느 정도 중요하고 특정한 영역에서 매우 효과적으로 잘 쓰이지만, 흔히 알려진 것처럼 매우 중요하다고 하기에는 다소 부족하다는 것입니다. 그래서 화려하지만 실제 먹기에는 양도 적고 전체 케이크를 설명하기에는 매우 부족한 '체리'에 비유한 것입니다.

그다음으로 많이 언급되는 지도 학습에 대해 알아보겠습니다. 지도 학습은 기계가 인간이 제공한 데이터를 이용해 학습하는 것입니다. 주로 예측 모델을 만드는 데 활용합니다. 얀 르쿤의 케이크에서는 아이싱(크림)으로 표현했습니다. 케이크를 보면 빵이 있고 그 위에 아이싱이 발려 있지요. 아이싱은 빵보다 양이 적지만, 케이크의 화려한 외양과 맛에 큰 영향을 미칩니다. 지도 학습은 샘플당 10에서 10만 비트 정도 되는 정보를 이용하는 경우가 많다고 하고(절대적인 것은 아닙니다. 얀 르쿤이 다소 과하게 데이터 크기를 한정한 감이 있습니다), 주로 이미지라든지 이미지를 설명하는 단어를 주어 기계가 그 정보를 바탕으로 학습합니다. 어떤 카테고리에 포함되는지 분류하거나, 숫자를 예측하는 종류의 작업이 많습니다.

그렇다면 자가 지도 학습은 뭘까요? 얀 르쿤의 케이크에서는 빵으로 비유했습니다. 기계가 관찰된 부분을 보고 다른 부분을 예측합니다. 예를 들어 비디오를 보고 다음에 올 프레임을 예측하는 것이죠. 샘플당 몇백만 비트의 정보를 사용하는 경우가 많습니다. 데이터의 양으로 보면 제일 많은 것이 자가 지도 학습과 자가 지도 학습 예측 모델에 들어가는 데이터입니다. 정답을 부여할 필요가 없다면 데이터를 매우 많이 얻을 수 있기 때문에 데이터를 얻기가 매우 편합니다. 이 기술이 발전하면 다양한 수준의 예측 기술을 만들 수도 있고, 적용할 수 있는 분야도 넓습니다. 다만 자유도가 그만큼 높기 때문에 해야 할 일도, 고려해야 할 것도 무척 많지요. 그렇기에 케이크에서 가장 많은 양을 차지하지만, 다소 심심할 수 있는 빵으로 비유한 듯합니다.

얀 르쿤의 케이크가 지나치게 자가 지도 학습의 중요성을 강조하고, 강화 학습을 비하하는 것 아니냐는 비판도 있었습니다. 하지만 현재의 GPT나 스테이블 디퓨전 등과 같은 생성형 인공지능 기술이 결국 자가 지도 학습의 발전에 의해 화려하게 등장했기 때문에, 얀 르쿤이 6~7년 전부터 이야기한 이 내용이 실체화되고 있다고 할 수 있겠습니다.

이처럼 인공지능에는 여러 종류가 있으며, 그중 주류라고 할 수 있는 딥러닝에도 다양한 유형의 기술이 존재합니다. 어떤 것이 정답이라기보다는 이들의 차이를 이해하고 적절하게 활용하는 능력을 기르는 것이 무엇보다 중요합니다. 실제로 최근 생성형 인공지능의 시대를 열었다는 평가를 받은 챗GPT는 GPT-3/GPT-4 등의 자가 지도 학습으로 생성된 모델과 RLHF Reinforcement Learning from Human Feedback(인간의 피드백을 포함한 강화 학습)라고 불리는 강화 학습이 어우러져 탄생한 멋진 기술입니다. 앞으로는 이렇게 다양한 인공지능 기술을 결합해 더욱 다양한 생성형 인공지능 기술과 서비스, 제품 등이 등장할 것 같습니다.

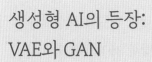

2
생성형 AI의 등장:
VAE와 GAN

그렇다면 생성형 인공지능 기술은 언제 어떻게 등장했을까요? 놀랍게도 이 기술들은 생각보다 매우 일찍 등장했습니다.

2013년과 2014년, 이미지를 생성하는 AI와 관련해 중요한 2개의 논문이 몇 달 간격으로 발표됐습니다. 먼저 2013년 12월 디데릭 P. 킹마Diederik P. Kingma와 맥스 웰링 Max Welling이 VAE Variational Autoencoders(변이형 오토인코더)라고 불리는 기술을 논문으로 발표했습니다. 생성형 인공지능과 관련한 가장 초창기 이론을 정립한 기념비적 논문이라고 할 수 있습니다. 전통적인 딥러닝은 데이터 X의 특징을 잠재 공간latent space이라고 부르는 더 작은 데이터 공간 Z에

추출해 더 작은 차원에서 줄여가는 과정입니다. 이 과정을 흔히 인코더encoder 알고리즘이라고 합니다. 아래 그림에서는 좌측 데이터 X가 보다 작은 벡터 데이터 공간 Z로 압축되어가는 과정이라고 할 수 있습니다.[8]

이제 이렇게 얻은 Z라는 데이터 공간을 특정한 조건을 적용해 반대 방향으로 데이터를 뿌려 원래의 데이터 공간 X와 같은 차원과 크기로 확산해서 만들어낼 수 있습니다. 이렇게 해서 만든 특정한 조건의 데이터 공간을 위 그림에서는 X로 표현했고, 이 과정을 디코더decoder 알고리즘이라고 합니다. 이것이 VAE의 핵심적인 내용으로 상당히 비슷한 이미지가 조건에 따라 다양하게 생성되는 것을 확인할

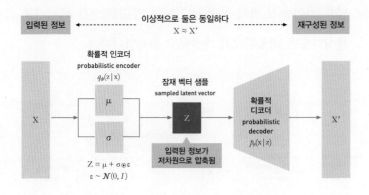

수 있었습니다. 이후 VAE는 기존의 다소 흐리멍텅한 듯한 생성물에 대한 단점을 보완하는 디퓨전diffusion이라는 기술로 발전하면서 꽃을 피우게 됩니다. 젊은 대학원생이었던 킹마는 이후 오픈AI의 창립 멤버로 함께했고, 이후에도 현대 인공지능 학계/산업계에 큰 영향을 미치고 있습니다.

이에 비해 2014년 초 이안 굿펠로Ian Goodfellow가 제시한 GAN Generative Adversarial Network(생성적 대립 신경망)은 2개의 네트워크를 경쟁시키는 방법을 씁니다.[9] 이미지를 생성하는 목적의 네트워크인 제너레이터generator 네트워크, 가짜로 만들어낸 이미지와 오리지널 이미지를 구분하는 목적의 디스크리미네이터discriminator 네트워크가 서로 경쟁합니다. 이렇게 2개의 네트워크가 경쟁하는 구도를 만들면 오리지널과 차이를 느끼기 어려울 정도로 정교한 샘플 데이터를 생성하도록 네트워크가 학습하고 진화합니다.

VAE와 GAN이 큰 성공을 거두면서 이들의 장단점을 융합한 연구도 많이 진행됐고, 약점 등을 보완한 진화 기술이 속속 등장했습니다. 2015년부터는 쓸 만한 수준의 생성형 인공지능 기술이 여럿 등장하면서, 소위 생성형 인공지능 기술의 전성시대가 열렸습니다.

3
생성형 AI의 발전:
챗GPT와 스테이블 디퓨전

생성형 인공지능 기술이 세상을 바꿀 기술로 급부상한 것은 챗GPT와 스테이블 디퓨전이라는 기술이 등장하면서부터입니다. 이들 기술에 있어서는 생성형 인공지능 기술의 기본이라고 할 수 있는 VAE와 GAN같이 새롭게 이미지를 생성하는 것도 중요했지만, 무엇보다 인간이 사용하는 자연어를 어떻게 처리할 수 있을지가 관건이었습니다. 아무리 생성형 인공지능이 진짜와 같은 이미지나 영상을 만들어낸다고 하더라도, 인간이 생각하는 의도를 알지 못하고 인간과의 소통이 원활하지 않다면 결국 활용도가 크게 높지 않을 것이기 때문입니다. 인간과의 소통이 원활해진다면 생성형 인공지능 기술은 다양한 방식으로 메타버스에서도 큰 역할을 할 수 있게 될 것입니다.

2017년 프랑스 툴롱에서 표현학습국제학회ICLR에 참석했을 때의 일입니다. 당시 최고의 자연어 처리 연구를 하던 여러 교수님, 박사님, 그리고 기업 연구 책임자와 저녁 식사를 했는데, 이때 이미지나 영상 분야처럼 "자연어 처리 분야에서도 딥러닝이나 미래의 인공지능 기술이 커다란 업적을 낼 수 있는 시기가 언제일까?"라는 질문을 서로 던졌습니다. 당시 같이 식사를 했던 대부분의 전문가가 앞으로 10년은 더 걸릴 것이라고 답했습니다.

저 역시 자연어 처리 분야만큼은 쉽게 성과를 내지 못할 것 같다고 말하기도 했습니다. 인간이 사용하는 언어 자체가 사람들마다 모호하게 표현되거나, 서로 다르게 이해하며, 상황에 따라서는 다른 의미를 지니는 경우도 허다하기 때문이었습니다. 결국 데이터의 형태로 인공지능에 뭔가를 알려주고, 언어를 가르치는 원천이 인간에게서 나오는데, 그런 언어를 사용하는 인간 자체가 신뢰성이 떨어지는 데이터를 만들어주고 중구난방으로 답을 주는 상황이라면, 일종의 제자 혹은 학생과 다름없는 인공지능이 제대로 배울 수 없으리라는 것입니다.

그렇게 부정적으로만 생각했던 자연어 처리 분야에서도 지난 몇 년간 중요한 성과가 많이 나오기 시작했습니다. 자연어 데이터 중에서 어떤 단어와 문장 등이 중요한 것인지 내부에서 짝을 지은 연산을 통해 주의attention(집중할 단어를 결정하는 방식)를 수치화하면서 돌파구가 열리기 시작한 것입니다. 초기에는 기존의 자연어 처리 인공 신경망에 주의 알고리즘을 도입하는 정도의 연구들이 이뤄지더니, 급기야 구글 연구 팀들이 아예 신경망 네트워크를 주의 데이터만으로 구성하는 파격적인 구조를 제시하고, 이를 트랜스포머스transformers라는 멋진 명칭으로 발표하면서 큰 변화가 시작됐습니다. 당시 논문의 제목을 '주의가 전부다Attention is All You Need'라고 지으면서 많은 이들의 주목을 받았습니다.

수년이 지난 지금 이 논문과 연구는 딥러닝이 등장한 이후 가장 충격적이고도 큰 변화를 가져온 인공지능 연구가 됐습니다. 챗GPT와 스테이블 디퓨전 기술도 결국 이 기술을 바탕으로 합니다.

트랜스포머스가 서광을 비추자 기존 자연어 처리 모델 등과 결합한 뛰어난 모델이 봇물 터지듯 등장했습니다. 특히 세계적인 인기 TV 프로그램인 〈세서미 스트리트〉의 캐릭터 이름을 딴 모델이 다수 나왔는데, 가장 인기 있는 캐릭터 엘모ELMo가 나오자, 그렇게 이름 붙이는 것이 유행한 듯싶습니다. 마이크로소프트에서는 빅 버드Big Bird를 발표했고, 칭화대학교의 어니ERNIE, 그리고 그로버Grover까지 등장했습니다. 그중에서도 버트BERT가 가장 큰 성능의 변화를 가져왔으며, 뒤를 이어 생성형 인공지능의 원리를 자연어 처리 자체에 도입한 GPT, 그리고 후속인 GPT-2를 거쳐 발표된 GPT-3가 어마어마한 성능을 보여주었습니다. 이때부터는 자연어 처리와 관련한 인공지능의 발전이 뒷받침되면서 생성형 인공지능 기술의 시대가 열리기 시작했습니다.

어니(왼쪽)와 버트.

생성형 AI 돌풍을 일으킨 챗GPT

2019년 발표된 GPT-2가 상당한 수준의 에세이를 작성하는 것을 보고 마이크로소프트는 제작사인 오픈AI에 10억 달러(약 1조 3,000억 원)라는 거액의 투자를 단행하면서 다가올 생성형 인공지능 시대에 과감한 베팅을 했지요. GPT-2에 이은 GPT-3는 2020년 6월 발표됐습니다. 구조나 원리는 GPT-2와 크게 다르지 않지만, 성능은 비약적으로 성장했습니다. GPT-2가 약 40GB의 인터넷 텍스트를 이용해서 학습했고, 파라미터(매개변수)는 15억 개 정도였는데, GPT-3는 1,750억 개의 파라미터를 사용했습니다. 그러면서 GPT-2보다 훨씬 다양한 영역에서 놀라운 성능을 내기 시작한 것입니다.

예를 들어 오픈AI가 GPT-3 베타 버전 페이지에 공개한 "빵은 왜 푹신푹신하지?"라는 질문에 대해 GPT-3는 "빵이 푹신푹신한 이유는 효모가 설탕을 이용해 이산화탄소를 배출하기 때문이다. 이산화탄소가 공기 중으로 빠져나오는 과정에서 기포가 생기고, 이러한 공기 구멍이 빵을 푹신푹신하게 만든다"라는 놀라운 답변을 합니다. 지금이야 GPT-3.5 기반의 챗GPT가 발표되고, 그 뒤를 이은 GPT-4와 구글 바드 등 다른 생성형 인공지능 자연어 모델이 흔해졌기에 대단하게 생각되지 않을 수 있지만, 당시로서는 매우 놀라운 수준의 답변이었습니다.

이외에도 매우 다양한 변형 애플리케이션이 등장했는데, 자연어로 던진 질문에 답변해주는 검색엔진도 있었고, 어떤 형태의 앱을 디자인하라는 자연어 설명을 읽고 이를 구현할 수 있는 코딩 프로그램을 출력하는 서비스도 있었으며, SF 소설을 쓰거나 게임 시나리오를 작성하고, 연애편지를 쓰는 등 매우 다양한 응용 서비스와 앱이 등장했습니다. 이즈음부터 생성형 인공지능 시대가 활짝 열릴 것이라는 사실을 미래를 보는 사람들은 알 수 있었던 것이지요.

GPT-3가 대단하다는 평가를 받는 것은 인공지능 기술의 적용 분야가 자연어 처리라는 한계를 넘어섰기 때문입니다. GPT-3의 언어 처리 능력과 이미지를 생성하는 능력을 결합해, 이미지 처리와 자연어 처리를 모두 잘하는 인공지능이 등장했다는 신호탄을 쏜 것이 바로 오픈AI에서 공개한 달리DALL-E입니다. 이름에서도 느껴지겠지만, 위대한 화가 살바도르 달리Salvador Dalí와 디즈니 픽사의 애니메이션인 〈월-EWALL-E〉를 합한 명칭입니다. 어떤 형태의 문장으로 설명을 해도, 정말 최고의 화가와도 같이 여러 형태의 그림이나 사진을 그려냅니다.

단적인 사례를 하나 보겠습니다. 아래 이미지는 달리에게 '아보카도 모양의 팔걸이의자'를 그려보라고 한 결과입니다. 일반적으로 창의적이라고 불리는 디자이너도 쉽게 그릴 수 없는 다양한 후보를 즉석에서 만들어내는 것이 매우 인상적입니다.

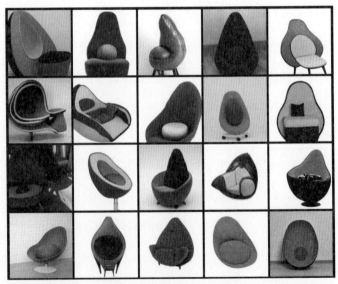

달리가 그린 아보카도 모양의 팔걸이의자.

챗GPT는 이렇게 등장한 GPT-3 기술을 상용 서비스로 만들기 위해서 인간의 피드백을 더한 강화 학습을 통해 엉뚱한 답변을 하거나, 유도신문에 넘어가고, 거짓을 고하며, 위험한 정보(폭탄을 제조한다거나)를 전달하는 등의 인간 사회에 문제를 일으키는 요소를 상당히 제거하면서, 인간과 쉽게 대화할 수 있는 채팅 기능에 초점을 맞춰 훈련한 생성형 인공지능 챗봇입니다. 2022년 11월 오랜 기간의 준비를 거쳐 공개될 때는 GPT-3.5 버전을 이용했다고 발표했고, 2023년 3월에는 GPT-4 버전을 활용할 수 있도록 업그레이드됐습니다. 등장하자마자 거대한 열풍을 일으키며, 과거 인터넷 시대의 월드와이드웹이나 모바일 시대를 열어젖힌 아이폰의 등장을 넘어서는 새로운 생성형 인공지능의 시대가 열리게 될 것이라는 기대를 심어주고 있습니다.

또 다른 강자, 스테이블 디퓨전

챗GPT와 함께 생성형 인공지능의 시대를 열어가는 대표적 기술인 스테이블 디퓨전은 아이러니하게도 오픈AI의 (이름과는 다른) 폐쇄적인 정책에 반발해 시작됩니다. 스테이블 디퓨전은 인공지능 전문 회사인 스테빌리티 AIStability AI의 연구 프로젝트로, 이 프로젝트의 목표는 텍스트 설명에서 고품질 이미지를 생성할 수 있는 텍스트-이미지 모델을 만드는 것이었습니다. 이 모델은 방대한 이미지와 텍스트 데이터 세트를 통해 사실적이면서도 창의적인 이미지를 생성하는 방법을 학습할 수 있었습니다.

스테이블 디퓨전은 2022년에 일반에 공개됐습니다. 텍스트 설명으로 사실적인 이미지를 만들고자 하는 사용자 사이에서 빠르게 인기를 얻었으며, 인공지능이 예술을 창조할 수 있는 잠재력을 연구하는 연구자들이 주로 사용했습니다. 무엇보다 오픈 소스 프로젝트로 진행하면서 매우 많은 파생 프로젝트가 나오고 있는데, 이를 통해 특정 기업이 주도하는 생성형 인공지능의 혁명적 변화가 전 세계의 다양한 인터넷 기반 커뮤니티를 통해서도 확장될 수 있는 여지를 만들게 됐습니다.

스테빌리티 AI 창립자 에마드 모스타크Emad Mostaque는 방글라데시 출신으로 영국 옥스퍼드대학교에서 수학과 컴퓨터 과학을 전공한 후 헤지펀드 매니저로 일하면서 많은 돈을 번 인물입니다. 앞으로 인공지능의 시대가 올 것이라는 것을 알고, 이 분야의 똑똑하고 야심 찬 젊은 엔지니어들을 전 세계에서 발굴해 장학금을 수여하듯 그들에게 투자했습니다. 스테이블 디퓨전 기술에 관여하는 여러 집단에 대한 펀딩을 주도했으며, 커뮤니티에도 직접 투자하면서 이들의 힘이 흩어지지 않고 뭉칠 수 있는 계기를 만들었습니다. 단지 이미지 분야의 생성형 인공지능에만 투자하는 것이 아니라, 인류에게 도움이 되는 다양한 개방형 프로젝트를 발굴해 지속적으로 투자하고 있습니다.

예를 들어 스테빌리티 AI의 생태계의 가장 큰 역할을 하고 있는 일루더AI EleutherAI가 있습니다. 2020년 GPT-3에 대한 토론을 위해 디스코드Discord에 서버를 개설하면서 시작했는데, 이후 대규모 인공지능 연구에 중점을 둔 선도적인 비영리 연구 기관으로 빠르게 성장했습니다. 개방형으로 생성형 인공지능 언어 모델도 개발해 배포하고 있고, 스테이블 디퓨전과 같은 멀티모달multi-modal(자연어와 이미지같이 여러 형태의 데이터를 동시에 다루는 것) 생성형 인공지능 모델은 물론 인공지능의 책임감 있는 개발과 사용을 옹호하는 활동에도 적극적으로 나서는 등, 인공지능 기술에 전 세계의 자발적 참여자가 누구나 인공지능 기술을 혁신시키고 발전시키며, 제대로 활용할 수 있도록 하고 있습니다. 이렇게 활발한 활동을 이어가던 일루더AI는 스테빌리티 AI의 지원하에 2023년 1월, 정식 비영리 연구 기관이 됐습니다.

혜성같이 등장한 스테빌리티 AI는 현재 수조 원의 기업 가치를 인정받고 있으며, 투자 유치한 자금을 다시 다양한 오픈 소스 프로젝트나 기업, 조직에 투자하면서 거대한 자발적 생태계를 만들어가고 있습니다. 또 이들은 오픈AI와 마이크로소프트의 독주를 견제하는 아마존이나 구글, 메타의 지원도 직간접적으로 받고 있습니다. 결국 향후 생성형 인공지능 시장은 크게 오픈AI/마이크로소프트 진영, 현재 검색시장에서의 우위와 탄탄한 클라우드 인프라를 중심으로 독자적인 생성형 인공지능 서비스를 제공하려는 구글(알파벳) 진영, 메타와 아마존이라는 거대 기업의 지원을 받으며 이들의 독점적 지위에 도전하는 스테빌리티 AI를 중심으로 하는 오픈 소스 진영, 그리고 여러 세계적 기업의 투자를 받으며 연합군을 구성 중인 앤스로픽Anthropic 등 스타트업 진영의 경쟁으로 발전할 가능성이 많습니다.

4
생성형 AI의
다양한 활용

그러면 생성형 인공지능 기술을 이용해서 할 수 있는 것은 무엇일까요? 생각보다 대상과 적용할 수 있는 범위가 매우 넓습니다. 가장 흔한 것으로는 얼굴이나 물체 등의 외양을 그려내는 것입니다.

AI 그래픽 전문 기업 펄스나인에서 우리나라에 데뷔했던 역대 아이돌의 이미지를 학습해서 새롭게 생성한 남녀 각 101명의 가상 아이돌에 대해 인기 투표를 진행한 적이 있습니다. 그중 여자 부문 중간 집계 1위를 한 '함초롱'의 경우 신한은행이 후원하는 메이저 게임 대회의 홍보 대사로 데뷔했고, 남성 아이돌들도 태국 TV 프로그램에 데뷔하는 계약을 했을 정도로 가능성이 매우 큰 사업 영역입니다.

생성형 인공지능 기술로 탄생한 가상 아이돌.

이터니티Iiterniti(전 이터니티Eternity)라는 인공지능 걸 그룹이 데뷔했고, 이미 TV 생방송 등에도 진출하고 있으며, 남성 아이돌의 경우에도 로레알 같은 다국적 뷰티 기업의 광고 모델로 본격적인 활동을 시작하는 등 생성형 인공지능으로 만든 캐릭터를 보는 것이 너무나 익숙해져가고 있습니다.

물체나 얼굴과 같은 객체object보다 주변 환경의 질감이나 텍스처texture, 스타일 등에 초점을 맞춰 이를 학습하고 변형하는 기술도 가능합니다. 이를 신경 스타일 전이neural style transfer라고 하는데, 신경망을 이용해 스타일을 전이한다는 뜻입니다. 이런 기술을 활용해서 모바일 앱 등도 개발되기 시작했습니다. 사람 사진을 넣으면 이모지emoji라는 일종의 캐리커처 형태로 바꿔서 생성하는 앱, 2D 사진을 찍으면 3차원 얼굴을 만들어주거나 아바타 등을 생성하는 앱 등이 생성형 인공지능 기술을 접목하고 있습니다.

생성형 인공지능 기술의 또 다른 주된 응용처로 해상도를 높이는 초고해상도super-resolution 기술도 있습니다. 이 기술은 실용성이 매우 높습니다. 이미지 디스플레이의 성능은 날이 갈수록 좋아지고 있지만, 막상 이 디스플레이에서 보여줄 수 있는 영상이나 사진은 해상도가 그렇게 높지 않은 경우가 많습니다. 물론 카메라를 새로 사서 영상 등을 찍으면 되겠지만, 그 이전 영상을 모두 폐기할 수는 없겠지요? 그렇다면 이전에 제작한 이미지나 영상을 어떻게 초고해상도로 만들 것인지가 매우 중요해집니다.

특히 삼성전자나 LG전자같이 고해상도 이미지 디스플레이나 TV를 제작하는 경우 이런 기술이 새로운 디스플레이나 TV를 판매하는 데 매우 중요한 역할을 합니다. 이 경우 고해상도 이미지와 저해상도 이미지를 쌍으로 학습시키는 방식으로 해상도 문제를 해결할 수 있습니다. 저해상도를 고해상도로 만드는 방법을 익힌 뒤 (마치 스타일을 익혀 전이시킨 것처럼) 이를 적용해 기존 저해상도 영상 등을 고해상도로 바꿀 수 있습니다. 이렇게 하면 4K, 8K 등의 고해상도 TV로 볼 수 있는 것이 많아지므로 보급이 확대될 수 있습니다. 실제로 여러 전자 제품 기업이 고해상도 TV를 만들 때 반도체 칩에 이 기술을 도입해 실시간으로 과거의 저해상도 이미지나 영상도 고해상도로 바꾸는 기술을 개발해서 보급하고 있습니다.

결손 부위를 새롭게 만들고 채워 넣는 데도 생성형 인공지능 기술이 큰 역할을 합니다. 최근에는 얼굴만 따로 윤곽을 잡아 생성하는 기술도 개발됐습니다. 원래는 매우 건전한 목적으로 사용하기 위해 개발한 기술이지만, 사람의 얼굴을 지우고 거기에 다른 얼굴을 자연스럽게 합성해 포르노 등을 만드는 딥페이크deepfake 등의 기술이 등장하면서 큰 문제가 되고 있기도 합니다. 그래서 요즘에는 딥페이크 영상을 찾아내고 구별해내는 인공지능 기술을 발전시키기 위한 챌린지 대회도 열리고 있습니다.

이런 기술을 잘 도구화하면 생산성 도구 등에 도입할 수 있을 것입니다. 가장 유명한 것은 최근 마이크로소프트가 발표한 마이크로소프트 365 코파일럿Copilot을 들 수 있 겠습니다. 기존 오피스 제품군에 생성형 인공지능 기술인 챗GPT를 도입한 것으로, 이를 통해 워드나 파워포인트, 엑 셀 등의 소프트웨어를 사용할 때 자연스럽게 생성형 인공 지능 기술을 활용해 비서에게 일을 시키듯 작업 결과를 낼 수 있게 됐습니다.

어도비도 최근 생성형 인공지능 기술을 접목한 파이어플 라이Firefly를 발표하면서, 자사의 다양한 소프트웨어에 생 성형 인공지능 채팅을 통해 주문을 입력하면 그에 맞게 이 미지를 변형하는 기능을 선보였습니다. 예를 들어 "사진을 겨울 배경으로 바꿔줘"라고 주문해 배경만 겨울로 바꿀 수 도 있습니다.

Images generated using Adobe Firefly.   *Images generated using Adobe Firefly.*

어도비 파이어플라이 적용 화면.

메타버스와 관련한 가장 광범위한 세계나 객체(물체나 캐릭터 등)를 만들 수 있는 유니티 역시 챗GPT를 지원하는 플러그인을 개발해 공개하는 프로젝트들이 등장하기 시작했고, 최근 오픈AI가 발표한 플러그인을 유니티가 지원할 가능성도 높아지면서 이제는 3D 캐릭터나 배경 등의 생성과 게임 개발에도 생성형 인공지능 기술이 적극적으로 활용될 것으로 전망됩니다.

생성형 AI와
메타버스의 미래

1
메타버스,
어떻게 진화할 것인가

그렇다면 생성형 인공지능은 메타버스를 어떻게 변화시킬 수 있을까요? 현 단계에서 가능한 모든 부분을 이야기하기는 어렵겠지만, 적어도 다음 3가지 방향으로 메타버스에 큰 변화를 가져올 것으로 예상됩니다.

1. 콘텐츠 생성의 활성화와 이로 인한 크리에이터 생태계의 확대
2. 보다 풍부하고 완성도 높은 메타버스 경험
3. 현실 세계와 유사한 교육과 트레이닝

각각에 대해 좀 더 자세히 알아보겠습니다.

콘텐츠 생성의 활성화와 이로 인한 크리에이터 생태계의 확대

생성형 인공지능의 발전으로 가장 크게 변화할 것으로 보이는 것은 콘텐츠 생성의 활성화와 관련한 부분입니다.

먼저 메타버스에 등장하는 캐릭터만 생각하더라도, 생성형 인공지능으로 사용자의 선호도에 따라 독특한 가상 캐릭터를 만들 수 있을 것입니다. 이를 통해 사용자는 자신만의 아바타를 가질 수 있고, 메타버스에서 더욱 개성 있는 경험을 누리게 될 것입니다. 만약 인공지능이 만든 캐릭터가 NPC로 활용된다면, 메타버스 내에서 다양한 역할을 수행하면서 보다 풍부한 사회적 경험을 할 수 있을 것입니다.

생성형 인공지능의 발전은 실시간으로 3D 모델과 텍스처를 생성할 수 있게 만들기도 합니다. 이렇게 되면 캐릭터뿐만 아니라, 크리에이터가 훨씬 빠르게 다양한 가상 물체와 배경, 자연환경이나 땅과 건물, 더 나아가서는 자신만의 도시 등을 만들 수 있습니다. 이런 것들을 창조하는 크리에이터가 많아진다면 메타버스의 가상 환경이 지속적으로 발전하고 확장될 것입니다. 단순히 가상 물체나 땅을 만드는 것이 아닙니다. 경우에 따라 생성형 인공지능은 알고리즘을 사용해 무작위로 생성된 콘텐츠(프로시저럴procedural 콘텐츠)를 만들 수도 있습니다. 무한한 지형, 도시, 던전 등을 생성해 메타버스에서 사용자가 탐험할 공간을 자유롭게 확장하는 것도 생각해볼 수 있습니다.

좀 더 나아가본다면, 발전한 생성형 인공지능은 메타버스에 스토리텔링과 게임적 요소를 가미하면서 메타버스를 풍부하게 만들 것입니다. 생성형 인공지능이 사용자의 취향과 행동 패턴을 분석해 맞춤형 스토리와 게임 요소를 제공하면, 메타버스에서 훨씬 풍부한 이야기와 모험을 경험하고, 독특한 게임 플레이를 즐길 수도 있을 것입니다.

음악과 사운드는 어떨까요? 생성형 인공지능은 사용자의 선호도와 메타버스의 분위기에 따라 새로운 음악과 사운드를 생성할 수 있습니다. 이를 통해 메타버스의 음향 효과와 배경음악이 보다 독특하고 다양해질 것입니다.

크리에이터의 참여도도 높아질 수 있습니다. 기존의 메타버스는 다소 폐쇄적이고 그 공급자에게 콘텐츠를 의존해왔지만, 개방적이면서도 쉽게 콘텐츠를 만들어 공급하는 역할을 생성형 인공지능이 담당한다면 크리에이터의 선호도도 고려하고, 기존 작품에서 영감을 얻어 독특한 디자인과 콘텐츠를 만들어 공급할 수 있습니다. 이를 통해 메타버스에서 훨씬 다양한 예술 작품과 창작물이 지속적으로 생성될 수 있겠지요. 여기에 생성형 인공지능이 만든 음악, 그림, 애니메이션 등이 크리에이터의 전통적인 예술이나 자신만의 콘텐츠와 결합해 독특한 표현력을 보여줄 수도 있을 것입니다.

생성형 인공지능은 일종의 도구로서 크리에이터와의 협업을 통해 더욱 발전할 수 있습니다. 함께 아이디어를 구체화하고, 작가가 작품의 줄거리를 개발하는 데 도움을 주거나, 음악가가 새로운 멜로디를 만드는 등의 다양한 창작 과정에서 도움을 줄 수 있습니다. 또 크리에이터들이 작업을 빠르게 완료할 수 있도록 도와주기 때문에 이들의 생산성이 훨씬 높아질 것입니다.

이렇게 자유롭고 다양한 창작물이 크리에이터와 생성형 인공지능의 협력을 통해 등장한다면, 자연스럽게 이들을 등록하고 거래할 수 있는 경제 생태계도 더욱 커질 것으로 전망됩니다. 물론 이 과정에서 너무 반복적이거나 비슷한 창작물은 소외될 것이니, 일각에서 우려하듯 모든 것이 너무 넘쳐나서 가치를 인정받지 못하는 일은 발생하지 않을 것입니다.

이런 우려는 인터넷 초창기, 유튜브나 인스타그램 등의 소셜 미디어가 등장했을 때도 똑같이 제기되었습니다. 창작이 너무 쉬워져서 콘텐츠가 과다하게 생산되면 문제가 생긴다는 식의 이야기가 있었지만, 실제로 소셜 미디어는 보다 많은 크리에이터가 등장할 수 있는 창구 역할을 했고, 이들의 경쟁력이 다양한 방식으로 표출되면서 시대의 변화에 맞는 크리에이터가 새롭게 등장했습니다.

다만 블로그에 글을 잘 써서 유명해진 크리에이터, 유튜브에 영상을 잘 만들어 올리는 크리에이터, 그리고 인스타그램이나 틱톡에 사진이나 숏폼을 잘 만들어 올리는 크리에이터가 다 달랐듯 생성형 인공지능의 발전으로 구성될 크리에이터 생태계에서 빛이 날 수 있는 크리에이터는 이전과 다른 새로운 사람이 될 수도 있겠습니다.

보다 풍부하고 완성도 높은 메타버스 경험

생성형 인공지능 기술은 또한 보다 풍부하고 완성도 높은 메타버스 경험을 전달하는 데 큰 도움이 될 것입니다. 무엇보다 생성형 인공지능은 사용자의 행동 패턴, 관심사, 선호도 등을 분석해 개인화된 프로필을 생성하도록 도울 수 있습니다. 이를 통해 사용자에게 가장 적합한 콘텐츠와 경험을 추천할 수 있을 것입니다. 또 메타버스의 경험과 액티비티를 근거로 자동으로 해당 프로필이 변동되는 RPG 게임의 캐릭터 성장과도 같은 경험을 자연스럽게 할 수 있을 것입니다.

이렇게 진화하고 발전하는 캐릭터와 프로필이 있다면, 생성형 인공지능은 사용자의 행동, 취향, 기록 등을 분석해 개인화된 콘텐츠를 추천할 수도 있습니다. 이를 통해 사용자는 관심 있는 주제와 관련된 정보를 찾거나, 메타버스 내에서 참여할 만한 이벤트와 활동을 보다 쉽게 발견하고, 항상 방대한 메타버스 세계를 같이 여행하는 동반자가 있는 듯한 느낌을 받으면서 풍부한 경험을 하게 될 것입니다.

맞춤형 가상 환경을 생성할 수도 있을 것입니다. 생성형 인공지능은 사용자의 선호도와 기록에 기반해 가상 환경을 최적화할 수 있습니다. 사용자가 원하는 배경, 테마, 색상 등을 적용해 가상공간을 개인화하고, 자신만의 공간과 자신이 활동하는 지역을 보다 풍부하고 생동감 있게 만들 수 있다면 메타버스 경험이 월등히 좋아질 것입니다.

무엇보다 자연어 처리 기술의 발전으로, 나와 항상 함께

하는 버추얼 어시스턴트virtual assistant를 대동하거나, 쉽게 불러낼 수 있게 되는 것이 가장 큰 경험의 변화가 될 것입니다. 생성형 인공지능은 사용자와의 대화를 더욱 자연스럽게 만들 수 있고, 이를 통해 메타버스 내에서 사용자가 가상 캐릭터나 다른 사용자와 원활하게 의사소통할 수 있을 것입니다.

심지어 이들 어시스턴트는 다양한 언어를 지원해 전 세계 사용자가 메타버스에서 자신의 언어로 소통하도록 도울 수 있습니다. 결과적으로 언어 장벽이 낮아지고 더욱 다양한 사람들이 메타버스에 참여하면서 메타버스의 최대 장점인 국가와 인종, 장소와 시간을 넘어선, 많은 사람과의 다양한 경험을 하게 만드는 데 일등 공신이 될 수 있습니다. 영화 〈그녀〉의 사만다 같은 어시스턴트를 생각하면 될 듯합니다. 영화를 보면 주인공 테드가 언제 어디서나 사만다와 소통하며 도움을 받는 장면을 볼 수 있습니다. 메타버스에서도 그런 도움을 받는다면, 메타버스를 낯설어하던 사람들에게도 큰 도움이 되고, 다른 나라 언어를 쓰는 많은 다른 참여자와도 쉽게 소통할 수 있겠지요?

그뿐만 아니라 사람이 별로 없는 메타버스의 황량한 느낌도 없앨 수 있을 것입니다. 생성형 인공지능이 만들어낸 가상의 캐릭터가 대화 상대이자 활동 동료 역할을 할 테니까요. 이를 통해 사용자는 혼자서도 메타버스에서 다양한 활동을 즐길 수 있으며, 친구나 동료가 없어도 훌륭한 게임이나 공동 작업 등을 할 수 있을 것입니다.

현실 세계와 유사한 교육과 트레이닝

마지막으로 생성형 인공지능이 메타버스에 큰 변화를 가져올 만한 분야로 교육과 트레이닝을 들 수 있습니다. 메타버스를 활용한 교육과 트레이닝은 코로나19 이후 비대면 교육 수요가 늘면서 크게 늘어났는데, 특히 의료같이 실습이 필요한 분야에서는 3D 환경을 활용한 버추얼 트레이닝이 큰 역할을 하게 됐습니다. 물론 정해진 시나리오와 캐릭터의 상호작용만으로 진행되는 교육 효과는 아무래도 실제 환경에서 얻을 수 있는 트레이닝 효과와는 차이가 날 수밖에 없습니다. 생성형 인공지능은 이런 부분에 큰 변화를 가져올 것입니다.

생성형 인공지능은 학습자의 능력, 선호도, 진행 속도 등을 고려해 맞춤형 교육 커리큘럼을 제공할 수 있을 것으로 보입니다. 이렇게 되면 학습자가 자신만의 페이스에 맞춰 효과적으로 학습할 수 있게 됩니다. 이미 챗GPT를 통해 영어 공부를 하는 사람들이 자신들의 경험을 유튜브에 공개하고 있는데, 이는 일반적 수준의 생성형 인공지능 채팅 정도의 기술로도 외국어 교육에 매우 큰 변화를 가져올 수 있다는 실질적인 증거입니다.

이와 같이 가상 교사 또는 멘토 역할을 수행할 수 있다는 것은 무엇보다 큰 장점입니다. 생성형 인공지능 가상 교사나 멘토는 학습자에게 지식을 전달할 뿐만 아니라, 다양한 수준의 의문점을 해결해줄 수 있습니다. 이를 통해 학습자가 언제든지 필요한 지원을 요청하고, 적절한 피드백을 받을 수 있으며, 전문가와 직접 상담하기 어려울 때도 지속적 학습이 가능한 교육 환경의 혁신적 변화가 이루어질 수 있습니다.

여기에 메타버스 환경에서 제공하는 실제와 유사한 배경이나 도구, 시뮬레이션 등이 더해진다면 교육 또는 트레이닝 효과는 더욱 커질 것입니다. 생성형 인공지능 기반 가상 교사 또는 멘토는 학습자의 질문에 즉각적으로 답변하며, 추가 설명이나 자료를 제공할 수도 있습니다. 이를 통해 학습자가 실시간으로 피드백을 받는다면 이해도도 훨씬 높아지겠지요?

더 나아가서는 메타버스 내에서 생성형 인공지능이 다양한 시뮬레이션과 역할극을 제공할 수도 있을 것입니다. 현실 세계에서 있을 법한 다양한 상황을 자연스럽게 만들어보고, 이를 바탕으로 학습자를 현실감 있는 상황에서 트레이닝할 수 있다면, 제한된 상황만 경험할 수 있는 실제 공간에서의 파견 근무나 실습보다 훨씬 높은 수준의 트레이닝을 경험할 수 있을 것입니다.

예를 들어 최근 한국의 병원 등에서 널리 채택하고 있는 메타버스 환경에서의 의료 트레이닝인 뉴베이스의 메디컬 XR 시뮬레이션 메타버스의 경우, 트레이닝받는 학습자에게 다양한 실제 환자와 유사한 반응을 하는 버추얼 환자 모델을 제공하는데, 이들 버추얼 모델이 생성형 인공지능 기술을 통해 더욱더 실제 환자같이 반응한다면 의과대학과 간호대학 학생들이 훨씬 다양한 경험을 통해 좋은 의료인으로 성장할 수 있게 될 것입니다.

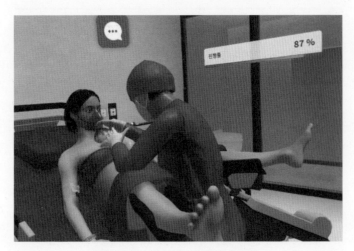

뉴베이스의 XR 기반 의료 시뮬레이션 메타버스.

2

창작자가 주인이 되는
크리에이터 이코노미

메타버스 플랫폼의 대표 주자 중 하나로 언급되는 로블록스 창업자 데이비드 바스주키David Baszucki는 로블록스를 메타버스로 표현하면서, 메타버스를 구축하기 위한 주된 요소로 다음 8가지를 언급했습니다.

1. 나 me

2. 세계 around the world

3. 다양한 경험 millions of experiences

4. 친구 friends

5. 자연스러움 frictionless

6. 몰입 immersive

7. 시민 의식과 안전 civilly and safely

8. 경제 economy

간단하게 설명해보겠습니다. 먼저 가장 핵심이 되는 3가지 요소입니다. 일단 메타버스에 나라는 존재의 디지털 버전이 있어야 하기 때문에, '나'가 첫 번째로 꼽혔습니다. 이를 아바타라고 하기도 하고, 최근에는 '디지털 미digital me'라고 표현하기도 합니다. 당연히 하나일 필요는 없고, 다양한 페르소나persona를 만들기도 합니다.

나라는 존재가 디지털 세계에 덩그러니 존재해서는 할 수 있는 것이 없겠지요? 그래서 '세계'를 구축합니다. 이를 위해서는 세계의 규칙도 생각해야 하고, 크기나 형태, 개성 등을 부여해야 할 텐데, 이런 것을 세계관이라고 부릅니다. 보통은 현실 세계와 유사한 3D로 만들지만, 2D로 만들어도 큰 상관은 없습니다. 흔히 말하는 메타버스가 주로 여기에 해당한다고 보면 됩니다. 그다음은 '다양한 경험'입니다. 나와 세계가 존재하는 것만으로 세계를 탐험하면서 매우 다양한 경험을 할 수 있게 됩니다. 잘 구축된 메타버스라면 자신이 세계에서 자유롭게 할 수 있는 많은 활동을 제시할 것이며, 마치 샌드박스에서 오랫동안 모래놀이를 하는 아이들처럼 메타버스에서도 많은 경험을 하면서 시간을 보낼 수 있게 됩니다. 이 3가지 요소는 메타버스를 구축할 때 필수라고 할 수 있습니다. 어느 하나가 빠지면 메타버스라고 부를 수 없겠지요.

그다음 3가지 요소는 대체로 경험의 정도와 관계가 있습니다. 메타버스가 개인의 다양한 경험을 지원하는 세계로 존재해도 큰 문제는 없지만, 인간은 사회적 동물인지라 '친구'가 있다면 그 경험이 훨씬 좋아질 것입니다. 로블록스도 코로나19와 함께 학교에 가지 못하게 된 10대에게 가장 큰 인기를 끌었습니다. 학교는 공부를 하는 공간이기도 하지만 무엇보다 친구들과 만나서 함께 노는 곳이었는데, 코로나19로 같이 놀 공간과 시간을 빼앗긴 아이들이 그 대체제로 로블록스를 활용했기 때문입니다.

필자가 어렸을 때는 친구 집 앞에 가서 "친구야 놀자~"라고 소리치면 친구가 그 소리를 듣고 나오고, 동네에 놀 만한 곳에 같이 가서 어울리는 것이 일상이었습니다. 그런데 코로나19 시기의 아이들은 로블록스에 놀이터를 직접 구축하거나, 좋은 놀이터(게임)를 발견한 후 디스코드나 카카오 등을 통해 친구들에게 링크를 공유하면서 "여기서 놀자"라고 하게 됐습니다. 친구가 있다면 아무래도 경험이 훨씬 즐겁고 다채로워지겠지요? 더 나아가 리니지 같은 게임에서 흔히 볼 수 있는 길드 같은 것을 결성해 집단을 이룰 수도 있고, 거기서 더 나아간다면 함께 작업하고 이익을 공유하는 일종의 회사도 만들 수 있을 것입니다. 조금 더 나아가면 성을 점령하거나, 대규모 땅을 개척해 국가 비슷한 것을 만들 수도 있겠지요. 그래서 친구와 사회는 메타버스의 경험을 좋게 만드는 데 매우 중요한 요소가 될 수밖에 없습니다.

그다음으로 언급한 요소는 '자연스러움'입니다. 메타버스는 방대하고 다양한 세계가 존재할 때 훨씬 풍부한 경험을 제공하면서 개선됩니다. 그런데 이렇게 방대한 세계를 탐험하는데 서로 이질적인 세계가 연결되어 있다거나, 한 세계에서 다른 세계로 넘어갈 때 시간이나 비용, 또는 접근성에 문제가 있다면 이러한 다양성이 되레 경험에 좋지 않은 영향을 미치겠지요? 이런 문제를 해결하기 위한 요소가 바로 '자연스러움'입니다.

그다음 요소는 '몰입'입니다. 되도록이면 3D면서 진짜로 그 세계로 느껴진다면 경험이 훨씬 좋아지겠지요? 이런 부분을 해결해줄 수 있는 기술이 바로 지난 3장에서 다룬 VR이나 AR입니다.

이제 2가지 요소가 남았습니다. 먼저 '시민 의식과 안전'에 대해 살펴보겠습니다. 사실 이 요소는 로블록스이기에 특히 중요하게 이야기한 원칙이라고 생각됩니다. 로블록스는 많은 분이 아는 바와 같이 주로 10대 아이들이 활용하는 메타버스이다 보니, 부모들의 걱정이 많습니다. 아이들이 사기꾼을 만난다거나, 좋지 않은 영향을 미칠 수 있는 대화나 소통, 행동 등에 노출되는 일을 우려하는 것이지요. 그러다 보니 부모들의 우려를 덜어줄 수 있는 다양한 규칙을 제시하고, 신고 절차나 그에 대한 대처 등을 매우 명확하게 합니다. 아무리 자유롭게 개척할 수 있는 세계라고 하더라도, 너무 자유롭기만 하면 무법천지가 되어버릴 테니까요. 그래서 로블록스는 이를 하나의 요소로 매우 중요하게 언급하고 있습니다. 물론 성인이라면 안 그래도 기존 세계에 규칙과 법률 등 까다로운 것이 많아 많은 제약을 받는데, 메타버스에서까지 그렇다면 매력을 덜 느낄 수도 있겠지요.

마지막이 바로 메타버스 세계를 지속 가능하게 만드는 가장 중요한 요소 중 하나인 '경제'입니다. 메타버스와 게임의 가장 큰 차이는 참여자가 같이 만들어가는 세계라고 했는데, 참여자가 어떤 동기로 이를 이룰 수 있으며, 메타버스를 제공하는 기업은 어떤 동력을 확보해야 이 세계를 존속시킬 수 있을까요? 이 질문에 답하는 데 필요한 요소가 바로 '경제'입니다. 어찌 보면 자본주의사회에서 등장할 수밖에 없는 것이고, 이 요소를 고려한 메타버스의 성공 가능성이 높아지는 것이 너무나 당연하다고 할 수 있겠습니다.

메타버스에서 창작자가 주인이 되어 메타버스를 더욱 풍부하게 만들게 할 수 있다면, 메타버스가 많아질수록 창작자인 크리에이터에게 경제적으로도 많은 도움을 줄 수 있겠지요? 메타버스를 로블록스와 같은 일종의 게임 세계가 확장된 형태로 볼 수도 있지만, 글이나 그림으로 이루어진 2D 세계도 생각할 수 있으니, 글을 쓰거나, 음악을 작곡하거나, 그림과 사진, 또는 영상으로 기여할 수 있다면 이를 만들어내는 크리에이터가 살아가기에 훨씬 좋아질 것입니다. 이를 포괄적으로 이야기하는 용어가 크리에이터 이코노미creator economy입니다.

이와 관련해 역시 로블록스의 사례를 먼저 살펴보겠습니다. 로블록스는 사용자가 직접 게임을 제작하고 메타버스를 즐길 수 있도록 하는데, 사용자는 로블록스 내에서 아이템을 구매하거나 게임을 할 때 로벅스라는 화폐를 쓸 수 있습니다. 실제 돈을 지불하고 로벅스를 구매해야 하고, 이를 메타버스 내에서 다른 아이템과 교환하거나 판매할 수 있습니다. 로블록스가 성장하는 데 로벅스가 큰 역할을 하는 상황을 133페이지 그림과 같이 표현할 수 있습니다.[10] 사용자가 로벅스로 수입을 올릴 수 있게 되면서 게임을 더 많이 만들면, 이로 인해 월간 활성 사용자Monthly Active User, MAU가 늘어나고, 이들은 로블록스에 돈을 더 많이 지출하므로 매출이 늘어나고, 그러면 게임을 개발하는 사용자에게 더 많은 돈을 지불할 수 있게 되고, 결국 게임을 개발하는 사람들과 그들이 만든 게임이 다시 늘어나는 선순환의 고리가 생성되면서 메타버스가 성장하는 것입니다.

크리에이터 이코노미를 구성하는 경제 주체는 크게 메타버스 플랫폼을 만든 주체와 이를 사용하는 사용자 커뮤니티로 나눌 수 있습니다. 로블록스의 경우 로블록스를 만든 기업과, 로블록스 사용자로 게임을 즐기는 동시에 게임을 만드는 커뮤니티로 구분할 수 있겠지요. 이들이 참여해 메타버스가 생명력을 가지고 오랫동안 살아남도록 하는 것이

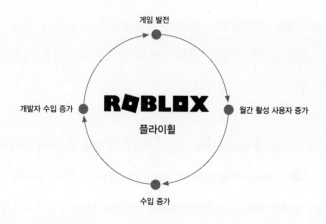

메타버스의 성패를 좌우할 것입니다. 그런 면에서 크리에이터 이코노미는 경제적 인센티브를 통한 자생적 메타버스의 확장과 발전을 유도합니다.

그렇지만 로블록스같이 특정한 플랫폼에 종속된 크리에이터 이코노미에는 명확한 한계가 있습니다. 비록 생태계를 구성하고 경제 시스템을 통해 발전할 수 있는 계기를 마련하기는 했으나, 결국 로블록스라는 단일한 메타버스 세계에 갇히게 되는 것이 가장 큰 문제입니다. 이는 로블록스뿐 아니라, 메타버스 플랫폼의 대표 주자로 언급되는 제페토, 포트나이트, 마인크래프트에서도 동일하게 나타나는 문제입니다. 그렇기 때문에 이를 극복하고 진정한 크리에이터 이코노미가 정착해 메타버스가 전체적으로 발전하기 위해서는 다음과 같은 3가지 경제 시스템 요소를 충족하는 기술이 보급되어야 할 것입니다.

1. 지속성: 플랫폼 사업자가 서비스의 시작과 끝을 결정하는 것이 아니라, 사용자가 참여하면서 서비스가 생명력을 가지고 지속할 수 있어야 합니다. 지금은 플랫폼을 제공하는 서비스 사업자가 서버 종료를 결정하면, 그동안 키워온 캐릭터나 구매한 메타버스 아이템, 땅의 가치가 순식간에 사라집니다. 현재까지 게임 형태로 제공된 대부분의 메타버스가 결국 이런 형태의 세계의 종말을 맞이하고 있는데, 이를 극복하기 위한 대안이 필요합니다.

2. 상호 운용성: 사용자가 구매하거나 창조해낸 자산을 직접 소유하는 데 그치지 않고, 이렇게 자신이 소유한 메타버스의 자산을 가지고 여러 메타버스를 이동할 수 있다면 하나의 메타버스 세계에 갇히지 않고 더욱 확장되고 열린 메타버스의 시대가 열릴 것입니다.

3. 경제적 권리: 메타버스 안에서 사용자가 만들어낸 콘텐츠나 2차 창작물, 그리고 이들 간의 거래는 사용자의 자율적 결정과 경제적 권리로 보장되어야 하며, 이렇게 크리에이터의 경제권을 지키고

확장 가능한 메타버스가 제공됐을 때 비로소 크리에이터 이코노미가 꽃피울 것입니다.

현재까지는 이런 요소들을 제대로 만족시키는 사례는 거의 없습니다. 대부분 닫혀 있는 메타버스에서 통용되는 경제 시스템을 구축했을 뿐입니다. 그렇다면 앞으로는 어떨까요? 최근 이슈가 되고 있는 NFT나 웹3 등의 기술이 이런 요소들을 충족시킬 수 있는 후보로서 기대를 모으고 있습니다.

3
미래 이코노미를
책임지는 NFT와 웹3

NFT와 새로운 경제

NFT는 블록체인에서 파생된 기술 용어입니다. 블록체인이라 하면 비트코인 등의 암호 화폐를 떠올리는 분이 많을 것입니다. 하지만 메타버스에서 관심을 가지고 있는 것은 이런 암호 화폐와 관련한 블록체인 기술이 아니라, 크리에이터 이코노미와 연결 가능한 인프라를 제공할 가능성이 있는 블록체인 기술입니다. 그중에서도 NFT가 등장하면서 앞서 언급한 크리에이터 이코노미가 제대로 작동하기 위한 3가지 요소를 충족할 가능성이 생겼다고 할 수 있겠습니다.

NFT는 'Non-Fungible Token'의 약자로 'Non'은 '아니다'라는 의미의 접두어이고, 'fungible'은 '쪼갤 수 있다'는

뜻이며, 'token'은 말 그대로 동전 같은 토큰을 의미합니다. 글자 그대로 해석하면 '쪼갤 수 없는 토큰'이라는 뜻입니다. 이 기술이 왜 중요할까요? 다른 토큰들은 '쪼갤 수 있는 토큰'이라고 할 수 있는데, 암호 화폐가 여기에 해당합니다. 이해하기 쉽게 비트코인을 쪼갤 수 있는 토큰이라고 보고 설명해보겠습니다. 1번 비트코인이 1개 있다고 쳤을 때, 이를 0.1씩 10개로 쪼갠다면 1번 비트코인은 정체성을 유지할 수 있을까요? 만약 100개, 1,000개로 더 쪼갠다면요? 정체성이 아니라 수량밖에 남지 않겠지요? 그렇기 때문에 쪼개는 것이 가능한 일반적인 토큰은 수량으로만 계산할 수 있는 암호 화폐로 사용할 수 있지만, 그 토큰으로 소유권이나 저작권, 멤버십, 실제 및 메타버스에서의 물건이나 땅을 대표하는 것은 불가능합니다.

그런데 토큰을 쪼갤 수 없게 했더니, 해당 토큰에 고유 번호가 부여되고, 이 고유 번호가 특정한 메타버스에서의 물건이나 땅 또는 현실 세계에서의 다양한 자산 혹은 음악, 미술 등을 대표하도록 블록체인에 기록하고, 그 거래하는 기록까지 전 세계에서 누구나 찾아볼 수 있으며, 위·변조가 불가능하게 만들 수 있게 됐습니다. 이것이 NFT라는 기술의 정체입니다.

NFT의 개념은 2017년에 처음 등장했는데, 몇 년간 크립토키티CryptoKitties처럼 일부 게임에서만 쓰이고 실질적으로는 무엇에 쓰는 물건인지 아무도 몰랐던 시기를 거쳤습니다. 크립토키티는 고양이 캐릭터 두 마리가 일정 시간이 지나면 교배를 해서 알을 낳고 이 알에서 새로운 고양이가 탄생하는 '다마고치'류의 게임입니다. 이렇게 새로 탄생하는 고양이를 포함해서 모든 고양이는 NFT로 정체성을 증명하고 발행되며 소유권이 이전됩니다. 사람이 태어나면 출생신고를 하고 주민등록번호를 받는 것과 비슷한 절차라고 생각하시면 됩니다. 게임 아이템이나 캐릭터를 거래 가능하게 만드는 용도로 NFT를 사용한 것이지요.

그러다가 코로나19의 확산으로 전 세계적인 변화가 일어나며 NFT를 결합한 수많은 독특한 비즈니스 모델이 등장했습니다. 상당수는 메타버스와 연관된 크리에이터 이코노미에 초점을 맞춥니다. 앞서 로블록스 사례를 설명하면서 로블록스의 크리에이터 이코노미가 매우 훌륭하고, 엄청나게 성장하기는 했지만 특정 플랫폼에 종속됐다는 것이 명확한 한계라는 말씀을 드렸지요? NFT는 표준화된 기술이고 누구나 활용할 수 있기에 이와 같은 플랫폼 종속성이 사라진다는 장점이 있습니다. 물론 이 기술을 제대로 활용하기 위해서는 이더리움이나 솔라나Solana같이 해당 NFT를 지원하는 블록체인 기술에 접속하고 거래할 수 있는 준비 단계를 거쳐야 한다는 문제점이 존재하고, 이런 장애물이 NFT를 대규모로 활용하는 데 제약이 되고 있습니다. 하지만 이런 문제점은 기술이 개발되면서 차차 해소될 것이기 때문에 점점 더 많은 곳이 NFT를 활용하게 될 것 같습니다.

NFT를 활용하는 대표적인 사례를 한번 살펴보겠습니다. NFT 기술이 단순히 게임에 일부 적용되는 것이 아니라, 매우 다양하게 활용할 수 있다는 것을 처음으로 제대로 보여준 것은 'NBA 탑샷'입니다. NBA 농구의 동영상 클립을 일종의 수집형 디지털 NFT 카드로 만들어 판매하면서 큰 성공을 거두었지요. 2020년에 첫선을 보였는데, 멀티미디어와 데이터를 한데 모아 일종의 NFT로 만들었고, 이를 쉽게 거래할 수 있는 거래 플랫폼까지 등장하면서 큰 인기를 끌기 시작했습니다. 정확한 통계를 발표하지는 않았지만, 수천만 건의 거래와 수조 원이 넘는 엄청난 거래 액수를 기록하면서 향후 NFT를 활용한 크리에이터 이코노미가 크게 성장할 수 있다는 가능성을 보여준 매우 중요한 프로젝트입니다. 최근에는 단순한 수집품을 넘어 다양한 게임 요소를 가미한 액티비티를 선보이고, 이를 달성한 사용자에게 토큰을 지급하는 등 보다 커다란 크리에이터 이코노미를 위한 확장을 시도해 더욱 주목됩니다.

처음부터 판타지 스포츠(온라인에서 가상의 팀을 꾸려 스포츠 경기를 치르는 게임)에 NFT 프로젝트를 엮어 크리에이터 이코노미를 설계한 사례도 있습니다. 글로벌한 판타지 게임 제작사 소레어Sorare가 만든 축구와 메이저리그MLB 선수들의 카드 NFT가 그것입니다. 선수 카드는 시즌마다 한정 수량만 발매되고, 카드를 선택해 팀을 짜면 해당 선수들의 실제 성적에 따라 보상을 받습니다. 희소성을 중심으로 하는 수집형 NFT면서 이를 판타지 스포츠 경기에 활용하는 접근을 통해 크리에이터 이코노미의 또 다른 가능성을 보여주어 전 세계의 주목을 받고 있습니다.

이와 같은 수집형 또는 게임에 접목된 NFT가 큰 성공을 거두자, 게임사들이 앞다투어 크리에이터 이코노미를 접목한 게임을 출시했습니다. 이를 플레이를 하면서 돈을 번다는 P2E Play to Earn로 정의하기도 합니다. 대표적인 사례로 동남

아에서 폭발적인 인기를 끌고 있는 '엑시인피니티 Axie Infinity'
나 '미르의 전설' 등이 있습니다. 일부에서는 걷는 것만으로
움직이면서 돈을 버는 M2E Move to Earn 프로젝트를 크게 성
공시켰고, 무언가(x)를 하면서 돈을 번다는 소위 'X2E'가
크리에이터 이코노미의 핵심이라는 이야기가 많습니다.

그렇지만 이들에 대한 비판의 목소리도 꽤 높습니다. 예
를 들어 게임이 돈벌이 수단이 된다면 게임을 즐기는 사람
들은 결국 노동을 하고 있는 것이지 게임을 하고 있는 것이
아니라는 논리입니다. 게임의 본질을 해친다는 것이지요.
게임은 즐거움을 전달하는 것이 본질적 가치이고 사람들은
여기에 재미를 느껴 돈을 지불하는데, 그 본질이 훼손되어
돈을 지불하고 싶지 않다면 P2E로 돈을 버는 사람들에게
줄 돈이나 게임을 개발하는 사람들에게 줄 돈은 도대체 결
국 누가 내느냐는 근본적 질문을 던지는 것입니다.

그렇기에 최근에는 게임의 본질에 더 집중하고, 아이템
거래 또는 세계관이 오픈 월드로 확장하면서 게임의 본질
적인 가치를 높여주는 형태로 새롭게 접근하고자 하는 메
타버스 게임이 크리에이터 이코노미에 중요한 역할을 할
것이라는 의견이 더 많아지고 있습니다.

다음 단계의 웹

마지막으로 '웹3(웹 3.0)'라고 하는 조금 더 큰 그림을 그리는 개념을 소개하겠습니다. NFT도 웹3의 시대를 열기 위한 귀중한 기술 중 하나로 더 많이 받아들여지고 있습니다. 웹3는 탈중앙화, 토큰 기반의 경제와 같은 개념을 통합해서 월드와이드웹을 새롭게 업그레이드시키자는 아이디어입니다(아직 공식적으로 합의된 용어가 아니기 때문에 아이디어라고 표현하겠습니다).

웹3 이전의 웹 2.0은 흔히 읽기와 쓰기가 모두 가능해 참여와 공유, 확산 등이 용이하고, 스마트폰의 활용도가 높아지면서 개인이 중심이 되는 웹 기술을 이야기합니다. 거대한 '빅 테크' 기업의 플랫폼이 데이터와 콘텐츠를 독점하고 있기에 '플랫폼 경제'라고 부르기도 합니다. 이런 플랫폼 독점 현상을 막기 위한 대안으로 제시된 용어가 웹3입니다. 2014년 이더리움의 공동 창립자 개빈 우드Gavin Wood가 처음 제시한 것으로 알려져 있는데, 크리에이터 이코노미나 프로토콜 이코노미protocol economy(플랫폼 독점이 아닌 인터넷 프로토콜을 중심으로 경제가 돌아가도록 하는 것)와 함께 핵심적인 기술 용어로 활용되곤 합니다.

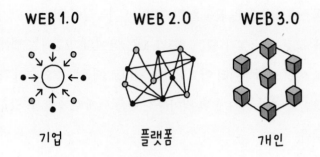

WEB 1.0   WEB 2.0   WEB 3.0

기업   플랫폼   개인

이 기술의 미래를 중요하게 생각하는 사람들은 웹3가 사용자에게 향상된 데이터 보안, 확장성, 프라이버시를 제공하고 빅 테크 기업의 영향력에 대항할 것이라고 이야기합니다. 그렇지만 반드시 장점만 있다고 볼 수는 없는 것이, 유해 콘텐츠를 퍼뜨리거나 부의 집중 현상을 가속화하고, 프라이버시를 침해하는 등의 부작용도 우려됩니다. 일론 머스크 등은 웹3가 마케팅 용어에 불과하다며 평가절하하기도 했지요.

그렇지만 진정한 크리에이터 이코노미를 위해서는 특정한 플랫폼에 독점적이지 않고도 수많은 크리에이터들이 자신들의 노력과 결과물을 평가받고, 제대로 거래할 수 있도록 하는 기술이 등장하는 것이 매우 중요합니다. 여기에 최근의 생성형 인공지능 기술을 중심으로 크리에이터가 메타버스에서 수많은 활동을 할 수 있는 가능성이 열리고 있기에 그것이 NFT가 됐든, 웹3가 됐든 용어의 명칭과는 별개로 이런 크리에이터 이코노미를 제대로 제공하는 기술이 각광받고 널리 퍼지게 될 것이라는 점은 쉽게 예측할 수 있습니다.

4
AI를 결합한 메타버스의
미래 시나리오

그러면 이제 미래에 대한 이야기를 해봅시다. 이 책에서 생성형 인공지능과 메타버스와 관련된 다양한 이야기를 나누어보았습니다. 그러면 앞으로는 어떻게 될까요? 특히 생성형 인공지능의 기술은 메타버스를 어떻게 변화시킬까요? 이 질문에 대해서는 저 혼자 나름의 답을 할 수도 있겠지만, 생성형 인공지능에 물어보면서 그들의 답변을 여러분에게 소개하고, 제 의견도 달아서 수정해보도록 하겠습니다. 생성형 인공지능은 질문을 던질 때마다 답을 달리하고, 질문의 뉘앙스나 단어 선택이 바뀌면 모든 것이 달라지기 때문에 독자분들이 실험을 하더라도 저와는 다른 결과를 얻을 수 있다는 점을 염두에 두시기 바랍니다. 생성형 인공지능

파트너로는 GPT 3.5 버전의 챗GPT, GPT 4.0 버전의 챗 GPT에 질문을 던져 답을 얻고 적절하게 문맥을 정리해보 았습니다. 아직 영어만 구사하는 구글 바드Bard의 답은 번 역해서 실었습니다.

GPT 3.5 버전의 챗GPT의 답변

메타버스에 인공지능을 결합하면 매우 혁신적인 경험을 제공할 수 있습니다. 아래는 몇 가지 구체적인 시나리오입 니다.

1. 가상 상담원: 메타버스에 상담원 인공지능을 추가하면 가상 고객 서비스를 제공할 수 있습니다. 가상 상담원은 실제 상담원과 거의 구별되지 않을 정도로 자연스러운 언어 처리를 수행하며, 상황에 맞게 대화를 조절하고 문 제를 해결할 수 있습니다.
2. 가상 여행 가이드: 메타버스에서 인공시능 기술을 활용 하면 가상 여행 가이드를 구현할 수 있습니다. 이 가이 드는 특정 여행지의 역사, 문화, 예술 등에 대한 정보를

제공하며, 이를 통해 사용자가 다양한 문화와 지식을 습득할 수 있습니다.

3. 가상 쇼핑 어드바이저: 메타버스에서 인공지능 기술을 이용하면 가상 쇼핑 어드바이저를 구현할 수 있습니다. 이 어드바이저는 사용자의 취향과 선호도를 파악해 상품 추천 및 구매를 도와줍니다.

4. 가상 의료 진단: 메타버스에 의료 인공지능 기술을 적용하면 가상 의료 진단이 가능합니다. 이를 통해 환자는 가상으로 의사와 상담하고 건강 상태를 진단받을 수 있습니다. 이러한 기술을 의료 현장에서 활용한다면 보다 빠르고 정확한 진단이 가능해질 것입니다.

5. 가상 교육: 메타버스에서 인공지능 기술을 이용하면 가상 교육을 구현할 수 있습니다. 이를 통해 전 세계 어디에서든 학습이 가능하며, 학습자는 다양한 학습 경험을 쌓을 수 있습니다. 또 학습자의 진도와 이해도를 파악해 맞춤형 학습을 제공할 수 있습니다.

GPT 4.0 버전의 챗GPT의 답변

인공지능을 결합한 메타버스는 가상 세계에서 더욱 풍부한 경험과 현실감을 제공할 수 있습니다. 인공지능의 도움으로 사용자는 다양한 활동을 즐길 수 있으며, 메타버스의 개발과 운영이 더욱 효율적이고 정교해질 것입니다. 여기 몇 가지 구체적인 시나리오를 제시해드리겠습니다.

1. 교육 및 직업훈련: 인공지능을 결합한 메타버스에서는 가상의 교육기관이나 직업훈련 센터를 방문해 다양한 과목을 배우거나 기술을 익힐 수 있습니다. AI 강사는 학습자의 학습 진행 상황과 개인적 요구에 따라 맞춤형 교육을 제공할 것입니다.

2. 가상 여행: 인공지능 기술을 활용한 메타버스에서는 사용자가 세계 어느 곳이든 가상으로 방문할 수 있습니다. AI 가이드가 관광 명소의 역사, 문화, 음식 등을 설명해주며, 현지 언어 번역 서비스를 제공할 것입니다.

3. 가상 의료 서비스: 메타버스 내에서 가상의 병원이나 의료 기관을 찾아 실제 의료진과 상담을 할 수 있습니

다. AI 의사는 환자의 증상을 분석하고 진단해 치료 계획을 제안할 수 있으며, 원격 진료나 상담 서비스가 가능해질 것입니다.

4. 엔터테인먼트: 인공지능을 결합한 메타버스에서는 다양한 가상 공연, 영화 상영, 전시회 등 엔터테인먼트 경험을 즐길 수 있습니다. AI가 창작한 음악, 미술, 게임 등도 사용자의 취향에 맞게 제공할 것입니다.

5. 소셜 네트워킹: 사용자는 메타버스에서 가상 카페, 바, 클럽 등을 방문해 다른 사용자와 소통할 수 있습니다. 인공지능은 사용자의 취향과 관심사에 따라 맞춤형 이벤트를 추천하거나, 가상공간에서의 소셜 활동을 도와줄 것입니다.

어떤가요? 비슷하면서도 역시 높은 버전의 답변이 완성도가 조금 더 높은 것 같지요? 마지막으로 구글 바드의 답변을 한글로 번역해보았습니다.

구글 바드의 답변

메타버스는 아직 개발 중인 가상 세계지만, 우리가 디지털 세계와 상호작용하는 방식을 바꿀 잠재력을 가지고 있습니다. AI는 현실적인 환경을 생성하는 것부터 자연어 상호작용을 가능하게 하는 것까지 메타버스를 현실로 만드는 데 중요한 역할을 하고 있습니다.

다음은 메타버스에서 AI를 활용하는 방안에 대한 몇 가지 구체적인 시나리오입니다:

1. AI 기반 아바타: AI를 사용해 사실적인 방식으로 상호 작용할 수 있는 실제와 같은 아바타를 만들 수 있습니다. 이를 통해 사람들은 물리적 위치에 관계없이 보다 개인적인 방식으로 서로 연결될 수 있습니다.
2. AI로 생성한 환경: AI는 메타버스에서 사실적이고 몰입감 있는 환경을 만드는 데 사용될 수 있습니다. 이를 통해 사람들은 새로운 장소를 탐험하고 현실 세계에서는 경험할 수 없는 경험을 할 수 있습니다.

3. AI 기반 어시스턴트: AI는 정보 찾기, 예약, 구매 같은 작업을 도와주는 가상 비서를 만드는 데 사용될 수 있습니다. 이렇게 하면 사람들이 더 중요한 일에 집중하는 시간을 확보할 수 있습니다.

4. AI 기반 학습: AI는 메타버스에서 개인화된 학습 경험을 제공하는 데 사용될 수 있습니다. 이를 통해 사람들은 자신의 속도에 맞춰 자신에게 가장 효과적인 방식으로 학습할 수 있습니다.

5. AI 기반 엔터테인먼트: AI는 메타버스에서 새롭고 흥미로운 형태의 엔터테인먼트를 만드는 데 사용될 수 있습니다. 여기에는 가상 콘서트, 스포츠 이벤트, 게임 등이 포함될 수 있습니다.

이는 메타버스에서 AI를 활용할 수 있는 몇 가지 방법일 뿐입니다. AI가 계속 발전함에 따라 앞으로 이 기술이 더욱 혁신적이고 흥미진진한 용도로 활용될 것으로 기대할 수 있습니다.

구글의 바드도 상당히 인상적인 답변을 했지요? 셋의 답변을 종합해보면 앞으로 우리가 만나게 될 생성형 인공지능 기술을 접목한 메타버스는 과거 어느 때보다 개인화되고, 더욱 높은 수준의 실제적 경험을 할 수 있게 하면서, 무엇보다 현실 세계와의 접점이 훨씬 강화된 세계가 될 것으로 보입니다. 마치 장자의 호접몽胡蝶夢같이 꿈과 현실의 경계가 모호한 세상이 실제로 구현될지도 모르겠습니다. 이럴 때일수록 열심히 공부하면서 현실 세계와 가상 세계의 공통점과 차이점을 잘 이해하고, 양쪽 세계에 모두 잘 적응해서 이를 활용할 수 있는 사람들이 더 재미있고 많은 기회를 접할 수 있겠지요? 두려워하고 피하기보다는 최대한 많이 활용해보면서 인공지능과 함께하는 메타버스를 다 같이 만들어봅시다.

초창기 인터넷은 미국에서 핵전쟁에 대비한 네트워크 기술로 개발됐다가, 이를 일반에 공개하면서 주로 대학이나 여러 연구소 등에서 일하는 연구자가 활용했습니다. 아무래도 연구를 하는 사람들이다 보니, 명령어를 입력해 접속하고 활용하는 인터넷이 그렇게 어렵지는 않았을 것입니다. 그렇지만 일반인에게 이런 기술은 매우 어렵게 느껴졌기에 그다지 보급되지 못했습니다. 인터넷이 일반인에게 빠르게 공급된 것은 월드와이드웹이라는 기술이 개발된 이후입니다. 월드와이드웹을 이용하면 글뿐만 아니라 그림과 하이퍼링크를 통해 마우스만 가지고도 쉽게 인터넷을 활용할 수 있었기 때문에 인터넷이 폭발적으로 보급되었습니다.

그런데 월드와이드웹을 처음 개발한 팀 버너스리Tim Berners-Lee는 이 기술이 보급되는 것을 무척 걱정했다고 합니다. 유럽입자물리연구소CERN 소속 물리학자로서 연구를 위해 과학자들이 편하게 논문에 접근하고 연구 결과를 공유할 수 있게 하기 위해 개발한 기술인데, 이렇게 사용하기 쉬운 기술이 일반인의 손에 들어간다면 사람들이 너무나 나쁜 짓을 많이 하고, 가짜 정보가 판을 치며, 포르노처럼 사람들에게 악영향을 미치는 콘텐츠가 양산되지 않을지 걱정한 것입니다.

스마트폰이 전 세계에 제대로 충격을 준 2007년. 아이폰을 발표한 애플의 스티브 잡스는 이 기기에 음악 플레이어, 휴대폰, 그리고 인터넷 미디어 기기의 성능을 하나로 모았다고 하면서 모바일 시대를 열었습니다. 그렇지만 이때 발표된 아이폰에는 오늘날 우리가 너무나 당연하게 생각하는 앱스토어가 존재하지 않았습니다. 사용자나 외부 개발자가 앱을 만들어 팔거나 설치할 수 없게 만든 것이지요. 스티브 잡스는 앱스토어가 쓸데없이 기기의 안정성을 해치기만 한다고 보았고, 이후 벌어질 어마어마한 변화의 물결을 예상하지 못했습니다. 스티브 잡스와 같은 선각자조차도 말이지요.

　메타버스와 생성형 인공지능이 우리가 직접 활용할 수 있는 수준으로 제공된 것은 불과 몇 년밖에 되지 않았습니다. 그러다 보니 앞으로의 가능성을 이야기하는 사람도 있지만, 이 때문에 나타나게 될 부작용을 우려하거나 아직 너무 빠르지 않느냐는 부정적 입장을 보이는 사람도 있습니다. 하지만 IT 기술 발전의 역사를 보더라도 앞으로 5~10년 뒤 일어날 변화를 명확하게 짚어낸다는 것은 당대 최고의 전문가여도 불가능에 가깝습니다. 이럴 때일수록 중요한 것은 열린 마음으로 세상을 바꿀 수 있는 여러 가능성에 좀 더 방점을 찍고, 열심히 공부하고 공부한 것을 활용도 해보는 것이겠지요? 특히 미래를 바꿔나가려는 마음을 먹은 미래 세대라면 더더욱 말입니다.

　기술 자체에 대한 이해도 중요하지만, 더 중요한 것은 이런 기술들이 일상화된 세계에서 나는 무엇을 할 수 있으며, 우리는 세계를 어떤 방식으로 바꿔나갈 수 있을지 고민해보는 것입니다. 이 책을 통해 그런 고민에 자그마한 힌트를 제공할 수 있었으면 좋겠습니다.

주

1   닐 스티븐슨, 남명성 역, 《스노 크래시 1》, 문학세계사, 2021

2   니콜라스 네그로폰테, 백욱인 역, 《디지털이다》, 커뮤니케이션북스, 1995

3   "What is mixed reality?", Microsoft Learn AI Skills Challenge, https://learn.
    microsoft.com/en-us/windows/mixed-reality/discover/mixed-reality

4   "The 5 Biggest Technology Trends In 2023 Everyone Must Get Ready For Now",
    Forbes, 2022. 9. 26 https://www.forbes.com/sites/bernardmarr/2022/09/26/
    the-5-biggest-technology-trends-in-2023-everyone-must-get-ready-for-
    now/?sh=1b0c133755d9

5   "Supervised vs. Unsupervised Machine Learning", Extrahop blog, https://www.
    extrahop.com/company/blog/2019/supervised-vs-unsupervised-machine-
    learning-for-network-threat-detection

6   "Supervised vs Unsupervised Learning", Hengky Sanjaya Blog, https://medium.
    com/hengky-sanjaya-blog/supervised-vs-unsupervised-learning-aae0eb8c4878

7   "Reinforcement Learning: What is, Algorithms, Types & Examples", guru99.com,
    https://www.guru99.com/reinforcement-learning-tutorial.html

8   "From Autoencoder to Beta—VAE", Lil'Log(blog), https://lilianweng.github.io/
    posts/2018—08—12—vae/

9   "Overview of GAN Structure", Google Machine Learning, https://developers.google.
    com/machine—learning/gan/gan_structure

10 https://twitter.com/rex_woodbury/status/1319313589967048705

29쪽 '하이텔 자료실 화면' 인터넷 캡처

37쪽 '포트나이트에서 진행한 트래비스 스콧의 공연' 포트나이트(유튜브 캡처)

44쪽 '보편화되어가는 비대면 회의와 원격 근무' LG전자(Flickr)

53쪽 '10대의 창작 메타버스로서의 입지를 확고히 다진 로블록스' Henry Burrows(Flickr)

55쪽 '포켓몬고를 플레이하는 모습' Tumisu(Pixabay)

60쪽 '메타의 오큘러스 퀘스트 2' KKPCW(Wikimedia Commons)

65쪽 '가상현실 공간에서의 움직임을 시뮬레이션할 수 있는 옴니' Maurizio Pesce(Flickr)

99쪽 '어니(왼쪽)와 버트' caiopato(DeviantArt)

102쪽 '달리가 그린 아보카도 모양의 팔걸이의자' 오픈AI

108쪽 '생성형 인공지능 기술로 탄생한 가상 아이돌' 펄스나인(AI심쿵챌린지)

111쪽 '어도비 파이어플라이 적용 화면' 어도비(발표 자료 캡처)

125쪽 '뉴베이스의 XR 기반 의료 시뮬레이션 메타버스' 뉴베이스